JN125890

新装版
パーフェクト攻略

IELTS

［編著］
トフルゼミナール

スピーキング

PERFECT STRATEGIES
FOR SPEAKING SECTION

テイエス企画

はじめに

　日本で英語運用能力試験というと、まず英検とTOEICを思い浮かべる人が多いのではないでしょうか。海外大学への留学を目指す人にとってはTOEFLもなじみがあるかもしれません。しかし、近年IELTS（International English Language Testing System）に関心が集まっています。2000年以降全世界で受験者が急増し、今では年間300万人以上となっています。

　これまで、IELTSというとイギリスやオーストラリアの大学への留学を希望する学生が受ける試験との印象が強かったかもしれませんが、今や多くの米国大学でも学生の英語運用能力の判断基準として導入されています。日本では大学のみならず、政府機関も国家公務員試験にIELTSを採用する傾向があります。これからも実用的な英語力を正確に測定できる試験としてIELTSはさらに身近なものになるでしょう。

　IELTSのスピーキングセクションでは、他の英語検定試験と比べて問題数が多くなっています。また、試験官からの質問に答えるだけでなく、与えられたトピックでスピーチをすることも求められます。インタビュー形式で、話題・内容も多岐にわたりますので、かなり実践的なコミュニケーション能力が試されると言えるでしょう。

　本書では、まずスピーキングセクションの3つのパートでよく取り上げられる話題を紹介しながら例題ごとに複数の解答例を分析し、答え方のコツを確認していきます。次に、本試験4回分の演習問題で徹底的に話す訓練をします。「役立つ語句・表現」を多数収録し、それらを実際に使うActivityも用意してありますので、即戦力アップにつながるでしょう。最後に、総仕上げとして本試験と同じ分量の模試2セットに取り組みます。

　この一冊を解ききれば、自信を持ってIELTS本試験にのぞむことができるでしょう。本書が皆さんの国際舞台での活躍の足がかりになることを願っています。

トフルゼミナール

目　次

はじめに 3

本書の構成と利用法 6

IELTS について 7

IELTS スピーキングセクションの概要 9

問い合わせ先 14

音声の収録内容 15

パソコンでの操作方法 16

第1章　スピーキングセクション攻略法

はじめに 18

Part 1 Introduction and interview 40

Part 2 Individual long turn 68

Part 3 Two-way discussion 75

第2章　スピーキングセクション問題演習

Exercise 01 Part 1 健康　買い物 90

　解答解説 92

Exercise 02 Part 2 旅行 112

　解答解説 113

Exercise 03 Part 3 旅行をする　自然が美しい場所を訪れる 119

　解答解説 120

Exercise 04 Part 1 ファッション　色 132

　解答解説 134

Exercise 05 Part 2 試験 154

　解答解説 155

Exercise 06 Part 3 試験を受ける　職場での業績を評価する 162

　解答解説 164

Exercise 07　Part 1　食べ物　季節 ··· 175
　解答解説 ··· 176
Exercise 08　Part 2　有名人 ·· 194
　解答解説 ··· 195
Exercise 09　Part 3　有名になる　他の人に見られる ················· 202
　解答解説 ··· 204
Exercise 10　Part 1　休暇　コンピューター ······························· 215
　解答解説 ··· 216
Exercise 11　Part 2　スポーツイベント ····································· 235
　解答解説 ··· 236
Exercise 12　Part 3　スポーツイベント　健康と体調を維持する ·········· 243
　解答解説 ··· 244

第3章　スピーキング実戦模試

Test 01 問題 ·· 258
　Test 01 解答解説 Part 1 ·· 262
　Test 01 解答解説 Part 2 ·· 272
　Test 01 解答解説 Part 3 ·· 275
Test 02 問題 ·· 282
　Test 02 解答解説 Part 1 ·· 286
　Test 02 解答解説 Part 2 ·· 300
　Test 02 解答解説 Part 3 ·· 303

本書の構成と利用法

● **本書の構成**

第1章　スピーキングセレクション攻略法

全般的な攻略法の解説に加えて、スピーキングセクションで扱われる設問のタイプを3つに分けて紹介します。例題を解きながら、問題の特徴や何を問われているのかについて確認しておきましょう。

第2章　スピーキングセレクション問題演習

分野別問題演習です。各問題では第1章で確認した設問タイプが盛り込まれていますから、本番を想定して問題の解き方を身につけましょう。解答解説では準備メモの例や、サンプルエッセイを掲載していますので参考にしてください。

第3章　スピーキング実戦模試

本番同様、Test 1とTest 2にまとめて挑戦する実戦模試です。時間内にどれくらい解答できるか、また設問を正しく理解し、的確に答えられているかどうかを確認しましょう。

IELTS について

● **IELTS とは？**

　IELTS（アイエルツ）は、International English Language Testing System の略称で、ブリティッシュ・カウンシル、IDP：IELTS オーストラリア、ケンブリッジ大学 ESOL が共同運営、管理する英語力判定試験です。世界130か国で実施されており、年間約300万人が受験しています。16歳以上であれば、誰でも受験することができ、TOEFL（アメリカの非営利テスト開発機関 ETS によって運営、管理されている留学時に提出できる英語資格試験の１つ）と同様に、海外留学や研修の際に自分の英語力を証明するためのスコアとして利用することができます。

　試験は General Training Module（一般英語）と Academic Module（学術英語）に分かれており、受験者の目的によってどちらを受けるかを決める必要があります。Academic Module は General Training Module よりも難易度が高く、海外の高等教育機関への提出用のスコアとして利用できます。本書は Academic Module のスピーキングセクション対策本です。

● **IELTS の構成（Academic Module の場合）**

科　　目	試験時間	内　　容
Listening	30 分	4 セクション：40 問
Reading	60 分	長文3 題：40 問
Writing	60 分	2 題
Speaking＊	11 分～14 分	3 パート不定数

＊Speaking はネイティブスピーカーとのインタビュー形式

● **IELTS のスコア**

　IELTS のテスト結果は受験日から約2週間で発行されます。スコアはバンドスコア（Band Score）と呼ばれる1.0～9.0 までの0.5刻みの評価数値で表されます。1.0 は英語の運用能力はほとんどない初級レベルで、9.0 はネイティブスピーカー

に近い運用能力を持つことを意味します。各科目のバンドスコアと、すべての合計を平均した総合バンドスコアが通知されます。発行後の有効期限は2年間です。

バンドスコア一覧

Band		レベル
9	Expert User	十分な運用能力があり、適切で正確な表現を用いることができる。
8	Very Good User	十分な運用能力があるが、不得意な分野では間違いや、ぎこちない表現が散見される。
7	Good User	内容によっては誤解している場合もあるが、おおむね正確に理解し、複雑な表現も用いることができる。
6	Competent User	内容によっては誤解している場合もあるが、おおむね正確に理解し、得意分野では複雑な表現を用いることができる。
5	Modest User	部分的には実用的な表現力、理解力を持っており、おおむね正しい理解ができているが、間違いが散見される。
4	Limited User	慣れている状況や分野では基本的な運用能力がある。
3	Extremely Limited User	限られた状況や分野では一定の運用能力がある。
2	Intermittent User	実質的なコミュニケーションが困難。
1	Non User	基本的な運用能力がない。

IELTS スピーキングセクションの概要

IELTS のスピーキングセクションは 3 つのパートで構成されています。

・Part 1（4〜5分） 試験官は受験者の住んでいるところや仕事・学業について
質問をします。その後、身の回りの話題について質問を 2 つします。たとえば、
家族、学校、個人的な関心、天気などについてです。

・Part 2（3〜4分） 受験者はタスクカードを渡されます。カードには、質問の
トピックと、質問に答える際に押さえるべき 3 つのポイント、そして最後の結
論のポイントが書かれています。受験者は、1 分間で発言の準備をし、その後
1〜2 分間でスピーチをすることが求められます。その後、試験官が 1 つ 2 つ簡
単な質問をして、このセクションは終了します。

・Part 3（4〜5分） Part 2 で扱ったトピックについてディスカッションをしま
す。

試験時間は全体で約 11〜14 分です。

● 評価

テストが終わったら、以下の 4 つの判定領域により、0〜9（0.5刻み）の段階で
評価されます。

領　域	着目点
流暢さと 首尾一貫性	何度も詰まることなく、ちょうどよいスピードで持続的に話をする ことができる力があるか。〈POINT〉よい点数を取るには、会話の トピックについて適切に、的から外れることなく答えることが必要。
語彙力	単語力や慣用表現の幅があるか。〈POINT〉よい点数を取るには、 内容に合わせて、語彙を適切に用いることが必要。

文法力	全体的に文法構造を正しく、豊富に使えるか。〈POINT〉さまざまな構造を使ってミスをするよりは、シンプルな表現形式を使った方がいい。
発音	イントネーションやリズムを考えながら、明瞭に話しているか。〈POINT〉ネイティブのように話さなければよい点が取れない、というわけではない。求められるのは、アクセントをはっきりつけて話すことである。アクセントに対して、優劣に偏りはない。英国・アメリカ・カナダ・オーストラリアおよびその他世界中で理解されているアクセントであればよい。

スコアは、9を最高とする9つのバンドで判定されます（ここでは0を省きます。0と判定されることは、ほぼないので！）。どのカテゴリーも比重は同等で、最終スコアは各スコアを平均した点となります（下記参照）。

流暢さ＆首尾一貫性：6　語彙力：5　文法力：6　発音：7　平均／最終＝6
流暢さ＆首尾一貫性：6　語彙力：5　文法力：5　発音：6　平均／最終＝5.5

最終スコアが単純に平均点とならないこともあります。たとえば、平均点の終わりが.25となった場合は0.5に、また.75となった場合は次の整数に切り上げられます。以下は、切り上げの一例です。

流暢さ＆首尾一貫性：6.5　語彙力：6.5　文法力：5　発音：7
平均＝6.25　最終＝6.5

流暢さ＆首尾一貫性：4　語彙力：3.5　文法力：4　発音：4
平均＝3.875　最終＝4

流暢さ＆首尾一貫性：6.5　語彙力：6.5　文法力：5.5　発音：6.0
平均＝6.125　最終＝6

スコアの確定要素を表にまとめました。12〜14ページを参照してください。

	流暢さと 首尾一貫性	語彙力	文法力	発音
9	・自然な表現を使い、言葉をつなげながら流暢に話している。 ・言葉に詰まることがほとんどない。 ・発言がトピックと十分に関連がある。	・どのトピックにおいても語彙を柔軟に使っている。 ・慣用表現を自然に、かつ正しく使っている。	・様々な文構造を幅広く、自然に使っている。 ・ネイティブスピーカーがするような間違いしかしない。	・発音要素を十分に実践している。 ・難なく理解することができる。
8	・流暢に話しているが、少し繰り返しや言い直しがある。 ・言葉を探すことがほとんどない。 ・トピックを適切に発展させている。	・幅広い語彙を正しい意味で、自在に使っている。 ・慣用表現を使っているが、ときどき正確でない。	・様々な文構造を柔軟に使っている。 ・ほとんどの文章に間違いがない。 ・間違いは、ほんの数か所のみ。	・幅広い発音要素を実践しているが、少し間違いがある。 ・理解しやすい。 ・母国語のアクセントが、聞き取りの妨げにはなっていない。
7	・ある程度、話が逸れるところはあるが、無理なく論点を踏まえて話している。 ・ある程度、流れに合わせて接続語を使い、話をつなげている。 ・ときおり口ごもり、言葉を探すことがある。 ・ときどき、繰り返しや言い直しがある。	・語彙を柔軟に使って、様々な話題について話している。 ・あまり一般的ではない表現を使っている。ときどき、正しくない使い方をしている。	・ある程度、場合に応じて、様々な複文を使っている。 ・大体正しい文章を作ることができているが、いくつか文法的な間違いがある。	・Band 6で求められるすべての項目、またBand 8の項目のいくつかを満たしている。

	流暢さと 首尾一貫性	語彙力	文法力	発音
6	・長く続けて話そうとする姿勢はあるが、繰り返しや口ごもりがあるため首尾一貫性がやや劣る。 ・接続語や談話標識（論理的に話の筋道を示す表現）を使っているが、正しく使えていないことがある。	・十分な語彙を使ってトピックについて話をし、意味をはっきり伝えている。 ・ときおり言葉の意味を間違える。 ・パラフレーズ（言い換え）ができる。	・単文と複文を織り交ぜながら話をしているが、柔軟性に欠ける。 ・複文の中で、度々間違いが見られるが、理解において問題はない。	・何とか頑張って、多くの発音要素を実践している。 ・比較的わかりやすいが、いくつかの単語の発音が理解に影響している。 ・イントネーションのよさはあるが、続かない。
5	・話し続けることはできるが、繰り返しや言い直しがある。あるいは、スピードが遅い。 ・同じ接続語や談話標識を何度も使う。 ・平易な話は流暢だが、複雑な話になると、首尾一貫性がない。	・身の回りの話および一般的な話題について話をすることができるが、使える語彙が限られている。 ・パラフレーズをしようとしているが、うまくできていない。	・基本的な文章をおおむね正確に作っている。 ・複文を使っているが、間違っていることが多く、理解しづらいことがある。	・Band 4 で求められる項目をすべて、また Band 6 で求められる項目のいくつかを実践している。
4	・ときおり長い間をおいて、ゆっくり話す。繰り返しも多い。 ・基本的な文章をつなげることはできているが、簡単な接続語を何度も使っている。 ・首尾一貫性が崩れることが多い。	・身の回りの話題について話すことができる。しかし、一般的な話題については、基本的な考えを示すことしかできない。 ・言葉選びで間違いが多い。 ・パラフレーズをしようとしない。	・基本的な文型を使って、単文を正しく作ることができている。 ・間違いがよくある。	・使える発音技術が限られている。 ・話し方をコントロールしようとしているが、間違いが多くある。 ・発音ミスのせいで、聞き手が理解しにくい。

	流暢さと 首尾一貫性	語彙力	文法力	発音
3	・話している途中に、長い間がある。 ・単文をつなげることが難しい。 ・簡単な受け答えはできるが、基本的な意見を伝えることができないことが多い。	・個人のことについて、簡単な語彙を使うことができる。 ・個人的なこと以外の話題については、使える語句がかなり限られている。	・文型を使おうとしているが、なかなかうまくいかない。 ・暗記した文章に頼ろうとしているように見える。 ・間違いが多い。	・Band 2から4で求められる発音要素を使うことができている。
2	・言葉と言葉の間に長い間がある。 ・わずかなコミュニケーションは取ることができる。	・単発のつながりのない言葉や暗記した表現だけ話す。	・基本的な文の形を作ることができない。	・話していることが理解できないことが多い。
1	・コミュニケーションが取れない。			
0	・欠席			

問い合わせ先

　受験の申し込み、受験料の支払いなどの手続きについては下記の問い合わせ先を参照してください。(2020年2月現在)

問い合わせ先①
公益財団法人　日本英語検定協会IELTS東京テストセンター
住所: 162-8055 東京都新宿区横寺町55
TEL: 03-3266-6852
FAX: 03-3266-6145
E-mail: jp500ielts@eiken.or.jp

問い合わせ先②
公益財団法人 日本英語検定協会IELTS大阪テストセンター
住所: 530-0002 大阪市北区曽根崎新地1-3-16 京富ビル4F
TEL: 06-6455-6286
FAX: 06-6455-6287
E-mail: jp512ielts@eiken.or.jp

問い合わせ先③
一般財団法人 日本スタディ・アブロード・ファンデーション（JSAF）
住所: 〒169-0075 東京都新宿区高田馬場1-4-15 大樹生命高田馬場ビル3F
TEL: 03-6273-9356
FAX: 03-6273-9357
E-mail: academic@japanstudyabroadfoundation.or.jp

インターネット問い合わせ先
公益財団法人 日本英語検定協会が運営するIELTSホームページ
http://www.eiken.or.jp/ielts/
一般財団法人 日本スタディ・アブロード・ファンデーション（JSAF）のホームページ
http://www.jsaf-ieltsjapan.com
ブリティッシュ・カウンシルによるIELTS紹介ページ
https://www.britishcouncil.jp/exam/ielts

音声の収録内容

ダウンロード音声には次の内容が収録されています。
（本書中、該当箇所にはトラック番号を表示しています。）

Track 001-030　第1章 スピーキングセクション攻略法

Track 031-071　第1章 スピーキングセクション攻略法 Part1

Track 072-077　第1章 スピーキングセクション攻略法 Part2

Track 078-093　第1章 スピーキングセクション攻略法 Part3

Track 094-113　第2章 スピーキングセクション問題演習 Exercise01 Part1

Track 114-117　第2章 スピーキングセクション問題演習 Exercise02 Part2

Track 118-130　第2章 スピーキングセクション問題演習 Exercise03 Part3

Track 131-148　第2章 スピーキングセクション問題演習 Exercise04 Part1

Track 149-152　第2章 スピーキングセクション問題演習 Exercise05 Part2

Track 153-165　第2章 スピーキングセクション問題演習 Exercise06 Part3

Track 166-182　第2章 スピーキングセクション問題演習 Exercise07 Part1

Track 183-186　第2章 スピーキングセクション問題演習 Exercise08 Part2

Track 187-199　第2章 スピーキングセクション問題演習 Exercise09 Part3

Track 200-216　第2章 スピーキングセクション問題演習 Exercise10 Part1

Track 217-220　第2章 スピーキングセクション問題演習 Exercise11 Part2

Track 221-233　第2章 スピーキングセクション問題演習 Exercise12 Part3

Track 234-236　第3章 スピーキング実戦模試 Test 01 問題

Track 237-258　第3章 スピーキング実戦模試 Test 01 解答解説 Part1

Track 259　　　第3章 スピーキング実戦模試 Test 01 解答解説 Part2

Track 260-270　第3章 スピーキング実戦模試 Test 01 解答解説 Part3

Track 271-273　第3章 スピーキング実戦模試 Test 02 問題

Track 274-301　第3章 スピーキング実戦模試 Test 02 解答解説 Part1

Track 302　　　第3章 スピーキング実戦模試 Test 02 解答解説 Part2

Track 303-314　第3章 スピーキング実戦模試 Test 02 解答解説 Part3

音声ダウンロードについて

本書の音声が下記の手順にて無料でダウンロードできますのでご活用ください。

■パソコンにダウンロードする

①パソコンからインターネットでダウンロード用サイトにアクセス

下記の URL を入力してサイトにアクセスしてください。

https://tofl.jp/books/2526

②音声ファイルをダウンロードする

サイトの説明に沿って音声ファイル（MP3形式）をダウンロードしてください。

※スマートフォンからダウンロードして再生することはできませんのでご注意くだい。

※ダウンロードした圧縮ファイルを解凍すると音声が利用できます。

■音声を再生する

①音声ファイルをパソコンの再生用ソフトに取り込む

ダウンロードした音声を iTunes などの再生用ソフトに取り込んでください。

②音声を再生する

パソコン上で音声を再生する場合は、iTunes などの再生ソフトをお使いください。iPhone などのスマートフォンや携帯用の音楽プレーヤーで再生する場合は、各機器をパソコンに接続し、音声ファイルを転送してください。

※各機器の使用方法につきましては、各メーカーの説明書をご参照ください。

第1章

スピーキングセクション攻略法

はじめに ……………………………………………………………………… 18

Part 1 Introduction and interview ……………………………… 40

Part 2 Individual long turn …………………………………… 68

Part 3 Two-way discussion …………………………………… 75

はじめに

☑ 試験官とのコミュニケーション

コンピューターに向かって話す TOEFL とは異なり、IELTS では、本物の試験官が相手になります。もちろん、試験官は皆さんの英語のスピーキング能力を評価するための訓練を受けていて、試験時の顔の表情や服装は評価の対象とはなりません。しかし、専門家によると、コミュニケーション上で重要な役割を果たしているのは言葉以外の部分であり、それは無意識のレベルに影響を及ぼすそうです。親しみやすく笑顔で、そして適切にアイコンタクトを取るようにしてください。全体的によい印象を与えることは、決してあなたの評価を下げることにはならないはずです。

☑ 緊張のコントロール

テストの最初に緊張をするのは当たり前のことです。ただ、Part 1 の比較的簡単な質問に答えることに没頭すれば、試験に集中しやすくなるはずです。ディスカッションが面白いと感じ、テストの最中だということを忘れてしまうこともあります。あなたが力を発揮する時間は 11～14 分あるということ。また、試験官は、間違いよりも「あなたができること」に注目しているということ。この 2 つのことを覚えておきましょう。

☑ 準備

Part 1 と Part 3 は、試験官との会話によって行われます。事前に用意するものではなく、その場の流れで進んでいきます。一方、Part 2 では、最長で 2 分のスピーチの前に 1 分間の準備時間が与えられます。受験者にはカードで 1 つのトピックと 3 つの小項目が提示されます。たとえば、このような質問です。

Talk about a time you helped a relative. You should say
- who you helped
- why you helped them

> ・what you did
> and explain how you felt about it.

訳：親戚を助けたことについて話しなさい。話すべきことは、

・誰を助けたのか

・なぜ助けたのか

・何をあなたはしたのか

そして、その行動についてあなたがどのように感じたかを説明しなさい。

　小項目は、話すべきことのガイドラインとしてしっかり活用しましょう。スピーチ用のメモは、以下のように準備できます。

Who　　My grandmother
（誰）　（私の祖母）

Why　　Needed help with the computer
（なぜ）（コンピューターを使うために助けが必要だった）

　　　　　　　—she's not good with devices（祖母は機械が苦手）

　　　　　　　—the help line people get too technical（電話相談サポート
　　　　　のスタッフは専門的すぎる）

What　Set up free email account
（何）　（無料のメールアカウントを取った）

　　　　　　　—automated password（自動パスワード）

　　　　　　　—wrote it down so she could check if she forgets（祖母が
　　　　　パスワードを忘れたときのために書き取った）

How/feel?　She always helped me so 😊 to give something back.
（どのように感じた？）（祖母はいつも私を助けてくれるので、恩返しができてうれしい）

　このようなメモを書けば、十分な内容の準備ができ、それを2分間のスピーチに広げることができます。

スピーキングセクション攻略法

　IELTSを受験する理由は様々ですが、特に留学のために受ける人が大半です。英語圏の大学では、5.5から6.5のスコアが必要となります。この値の幅は小さいように見えますが、実は0.5ずつの値には、実力の大きな差があります。スコアを上げるためには2つの方向からアプローチをする必要があります。

　第一に、間違ったことを言うのを恐れて、質問のたびに深く考え込む、といったような初歩的なミスをして「大失敗」することがないように、気をつけることです。第二に、レベルの高い語彙や構文を使って、「壁を越える」ことです。

　スコアを0.5あるいは1ポイント上げるためにすべきことを以下にまとめました。

Point 1 流暢さと首尾一貫性を身につける

◪ 特定の言葉にこだわらない

　日本の学生は、中学レベル以上の勉強をする際に、日本語を英語に翻訳することに非常に力を入れる傾向にあります。この翻訳する癖が、会話のスピードを遅らせる原因になっているのです。口ごもることなく話せるようになるには、考えるときも英語を使うことが必要です。そうすることに慣れていきましょう。

　また、特定の言葉を使うことにこだわらないようにしましょう。もし、あなたが使いたい言葉そのものが思いつかないのであれば、その言葉を言い換える形でトピックについて話しましょう。

　たとえば、試験官に 'What kind of shoes do you like to wear?'（どんな種類の靴を履くのが好きですか）と聞かれたとしましょう。それに対して、'I like comfortable shoes.'（履き心地のよい靴が好きだ）と言いたいのに、comfortableという単語が浮かばなかった場合、これを思い出そうと必死になってはいけません。その代わりに、'I like shoes I can walk in all day and still feel good.'（一日中履いて歩いたとしても、気持ちよく感じられる靴が好きだ）と答えればいいのです。

◪過去や未来について話すことに慣れる

テストでは、過去・現在・未来のことについて話すことが求められます。特に Part 3では、問題なく、すべての時制を使えるようになりましょう。最初の問題では過去のこと、その次の問題では未来について話すように求められる場合がよくあります。練習のためには、書籍や薬といった、よく話題となることについて、過去はどうだったのか、未来はどうなるのかということをイメージしてみましょう。そうすれば、その時制を使って話す準備ができます。

1. 過去

トピックによっては、「過去において、教育／テクノロジー／旅行は、現在とどう異なっていましたか」と質問される場合があります。このようなことを一度も考えたことがなければ、質問に答えるのはかなり難しいと感じるでしょう。しかし、長い時間黙っていてはいけません！　これは、IQテストでも歴史のテストでもなく、どれくらい英語が話せるかを測るテストなのだということをしっかり意識しましょう。

以下は、質問に対する答え方の一例です。

○教育　　　　　　　　　　　　　　　　　　　　　　　Track ● 001

▷ In my grandparents' day, people often left school at 15. It was unusual to go to university. I think teachers were respected more than they are today. More men than women went to university. Today the numbers are about equal.
（私の祖父母の時代には、15歳で学校を出る人が多くいました。大学に進学することは珍しいことでした。教師は、現在よりも尊敬されていたと思います。女性よりも男性が多く大学に進んでいました。現在ではその数はほぼ同じです）

○テクノロジー　　　　　　　　　　　　　　　　　　　Track ● 002

▷ Fifty years ago, the development of computers was in its infancy. A single computer would take up a whole room! Most people were unable to type, and of course there were no mobile phones. I think the last fifty years have truly put people in touch with technology.
（50年前、コンピューターの発展は始まったばかりでした。1台のコンピューターが

1つの部屋すべてを占領しているような状態でした！　ほとんどの人はタイピングができませんでしたし、もちろん携帯電話はありませんでした。人々がテクノロジーに真に親しむようになったのは、ここ50年のことだと思います）

○観光　　　　　　　　　　　　　　　　　　　　　　　　　　Track●003

▶ In the past, Japanese tourists used to go abroad in big groups. A tour guide would walk in front of them waving a flag. Today, most of the people in tour groups are elderly. Young people tend to travel alone or with one or two friends.

（以前は、日本人観光客は団体で海外旅行に行っていました。ツアーガイドが旗を振りながら、団体の先頭を歩いていました。現在、団体旅行の参加者はほぼ高齢者です。若い人は1人で、または友達1、2人と一緒に旅行に行く傾向にあります）

2. 未来

　1の過去と同じように、社会の具体的な側面が、どのように発展すると考えるかを問われる場合があります。それに対しては、以下のように答えることができます。

○携帯電話　　　　　　　　　　　　　　　　　　　　　　　　Track●004

▶ I think that we will all wear a chip in our heads and will only have to blink our eyes to make a call.

（私たちはみんな、チップを頭に埋め込んで、電話をかけるには目のまばたきをするだけでいい、というふうになっていると思います）

○食習慣　　　　　　　　　　　　　　　　　　　　　　　　　Track●005

▶ We will all become more aware of what we eat and drink. I think sugary foods will come with a health warning and people will look at you like you're crazy if you try to light a cigarette in a restaurant.

（何を食べ、飲むかということに、より関心を向けるようになるでしょう。糖分の多い食べ物には健康への害を示す警告文が添えられ、レストランで煙草に火をつけようとすれば、周りからおかしな人と思われるようになると思います）

○自然資源 Track 006

▷ I think we will get all our power from the sun and other renewables. There will be no need to use fossil fuels.

（太陽光や他の再生可能なエネルギーですべて発電するようになると思います。化石燃料を使う必要はなくなるでしょう）

▣ 黙っているより、何か言おう

ときには、今までに考えたことがないような事柄について尋ねられることがあるかもしれません。その場合、前置きの表現を使って、何を言うか考える時間を稼ぐことができます。表現には次のようなものがあります。

Track 007

▷ That's an interesting question, I've never really thought about it before.

（面白い質問ですね、今まで真剣に考えたことがありませんでした）

▷ That's an interesting idea. In my opinion, ...

（興味深い考えです。私の意見では…）

▷ That's a tricky one! I don't have a strong view one way or the other, but I suppose...

（難しい問題です！　いずれにせよ強い意見というものは持っていません。ただ、私が思うのは…）

Track 008

試験官：Do you think people who drive cars should pay to enter a busy city?

（車に乗る人は、交通量の多い街に入るときにお金を支払うべきだと思いますか）

受験者：Hmm, that's a difficult question to answer. If you ask me, in general, cars should be able to...

（えー、答えるのが難しい問題です。もし、どうかと聞かれれば、一般的に、車は…ができるはずで…）

▣ トピックから外れない

「流暢さと首尾一貫性」の中の「首尾一貫性」とは、問題に答えた上で、そこからつながりのある形で、トピックを広げていくことを指します。具体例を挙げ、話

を膨らませていくのは自由です。ただ、トピックと無関係の方向にずれることがないようにしてください。質問にしっかり注目しましょう。

　もし、試験官が何を言ったか聞きそびれても、質問を繰り返してもらうように頼むことができます。ただし、Part 1 では、試験官に質問を別の言葉で言い換えてもらうことはできません。ただ質問をもう一度言ってもらうことや、受験者から依頼すれば特定の意味の言葉を説明してもらうことは許されています。受験者は、以下のように試験官に依頼することができます。

Track 009

▷ I'm sorry. Could you please repeat the question?
　（すみません。質問をもう一度繰り返してもらえますか）
▷ I'm afraid I didn't catch what you said.
　（おっしゃったことを聞き取ることができませんでした）
▷ Could you please say that again?
　（もう一度言っていただけますか）
▷ What is the meaning of [word]?
　（[単語] の意味は何ですか）
▷ Could you rephrase the question, please?
　（質問を別の言葉で言い換えてもらえませんか）

　Part 3 だけは、試験官は質問文を別の言葉で言い換えることができます。その場合、最後のような表現を使い尋ねることができます。

◢ 柔軟に考えよう

　このテストは尋問や就職面接ではないということを頭に置いておきましょう。それぞれの質問に答える前に、長々と一生懸命考えてしまうと、過度に口ごもったということを理由に減点されてしまいます。もし試験官に 'What do you do when you take a break?'（休憩のときに何をしますか）と質問されたら、休憩を取った最近の例を思い出して、そこから一般的な文章を作ればいいのです。意味の深い哲学的な答えを言う必要はありません。たとえば、前の日に数分間ストレッチをした、あるいはコーヒーを入れたのであれば、'I often stretch for a few minutes, or make myself a drink.'（私はよく数分間ストレッチをしたり、自分で飲み物を作ったりします）と答えることもできます。

　試験官は皆さんの個人的な状況について知りたいわけでも、興味があるわけで

もありません。皆さんがどれだけ英語を使うことができるかを評価するだけです。話を続けるためには、何か心に浮かんだことをつかんで、それをもとに話を広げていきましょう。

✅ 嘘をついてもよいか？

　試験官が評価したいのは、皆さんの英語力です。皆さんの受け答えが真実かどうかは関係ありません。ただ、すべてを作り上げるのはとても難しいですし、わざわざそうする努力が必要になってしまいます。一番いいのは、どのように言うのがたやすいかを考え、それに合わせて、事実を膨らませる形で話をするという方法です。このやり方は、2分間話すことが必要な Part 2 でも使えます。

　話し続けるには、語り手にならなければなりません。もし、直接の経験に話すネタがないのであれば、話を少し変えましょう。たとえば、大好きな本について話す場合、本当に大好きなのだけれど説明が難しい本よりも、話すのが簡単だと思えるような本について話した方がよいでしょう。また、最近した旅行について話すように求められた場合、数年前に実際に行った旅行についてはもちろん、友人が行った旅行について話してもかまわない、ということです。

✅ 話題が急に変わることに慣れる

　天気について一生懸命に話しているときに、試験官が「では、靴について話をします」とか「公共交通機関について話をしましょう」などと言い出しても驚かないでください（つい笑いたくなってしまうかもしれませんが）。そんなことをする目的は、さまざまな話題についてどのくらい考えを伝えることができるかを確かめるもので、かなり急に話題が変えられる場合があります。その場合は、ただ「流れに乗る」のがいいでしょう。

　Part 1 は深く考える力が求められているのではなく、さまざまな設定で話すことができるかをテストするものだ、ということを覚えておきましょう（一方、Part 3では、一般的なトピックを1つだけ扱います）。

✅ 大まかな話から具体的な話に持っていく

　ある問題に対して、大まかな考えを示した後に、具体的な例へと話を進めてい

く形にすると、話を続けることができます。

次の流れを見てみましょう。

Track ▶ 010

試験官：What type of food do you enjoy eating?
　　　　（どんな種類の食べ物を好んで食べますか）

受験者：I love to eat Mexican food. My family eats out at a Mexican restaurant in our neighbourhood once a month. At the restaurant, I usually order tacos because they are my favourite.
　　　　（メキシコ料理を食べるのが好きです。月に1回、家族で近所にあるメキシコ料理店に食べに行きます。その店で、私はいつもタコスを注文します。大好物だからです）

　Part 2では、具体例を広げることが、2分間話し続けるための大切なカギとなります。

内容を付け足す

　1つの答えだけで話を終わらせる必要はありません。内容を付け足すのは自由です。試験官は、次の問題に移った方がいいと判断したタイミングで、次に進めます。

　以下の流れを見てみましょう。

Track ▶ 011

試験官：What type of weather do you like best?
　　　　（どのような天気が一番好きですか）

受験者：I generally like sunny weather. I can enjoy going outside and doing sports. I also like cloudy weather because I can do activities without getting too hot.
　　　　（大体晴れの日が好きです。外へ出てスポーツをすることができますからね。曇りの日も好きです。暑くなりすぎることなく、活動できるからです）

スコア6を狙う

　ネイティブスピーカーから見て「標準的にゆっくり」と感じられるペースで話

すことが必要となります。長い間黙ってしまったり、何度も止まってしまうとスコア5に落とされてしまいます。何を言ったらいいか思いつかない場合は、トピックの周辺のことから話し始めるといいでしょう。話しながら考えることもできるはずです。たとえば、過去について尋ねられたら、「ええ、私の祖父母の時代は、状況はまったく違っていました」などと話し始めることができます。そうやって話しているうちに、いい考えを思いつく時間が取れます。与えられた質問に注目し、そこから逸れないようにしましょう。

■ スコア7を狙う

　スコア7を取るには、ネイティブスピーカーに近い速さで話すことが求められます。数回口ごもるぐらいは見逃してくれますが、何度もやってしまってはいけません。答えは、質問の要点としっかり関連した、焦点の合ったものにします。詳細な情報を加えて、答えを広げていくことも必要です。そのために、具体例を挙げながら、要点を説明します。

　たとえば、「毎晩、どれくらいの睡眠が必要ですか」と聞かれたら、「7時間必要です」とだけ答えるのではなく、「7時間必要です。でもなかなか取れません。たとえば、昨晩は遅くまで仕事をしなければならなかったので、深夜を過ぎるまで寝ることができませんでした。週末に足りない分を補おうと思います」などと、広げることもできますね。

　硬くなりすぎたり、形式的になりすぎることは避けます。皆さんの話を聞きたがっている友人とおしゃべりするのをイメージするとよいでしょう。また、イディオムや慣用表現を積極的に使うようにしましょう。

Point 2　語彙力をつける

言葉の幅を広げる

　語彙力の部分でよい点数を取るためのカギは、表現方法を工夫したり、扱う単語の領域をより高度なものへと広げていくことです。最もよい方法の1つは、よく使う言葉の同義語を増やしていくことです。

　たとえば、'good' や 'bad' は便利ではありますが、このような言葉しか使えな

いと、レベル5の壁を越えるのは難しくなります。手軽な同義語の参考書やスマートフォンなどのアプリを使って、ニュアンスをより適切に表現できる話し方を学びましょう。

○ good の同義語
　　nice（結構だ）／fine（素晴らしい）／pleasant（好ましい）／agreeable（ふさわしい）／great（とてもよい）／wonderful（見事な）／excellent（優れている）／outstanding（傑出している）／awesome（すごい）
○ bad の同義語
　　unpleasant（不愉快な）／disagreeable（嫌な）／nasty（不快な）／poor（不十分な）／second-rate（二流の）／terrible（だめな）／unhelpful（役に立たない）／useless（無駄な）

　覚えた言葉を、文脈の中でどのように使うかを理解するのは、語彙の勉強の中でも難しい部分です。一般的なアドバイスとしては、さまざまな本を読んだり、英語の字幕付きで英語の映画を見るという方法があります。確かに、これらは英語を学ぶよい方法です。しかし、問題は本や映画が扱わない分野があるということ、また短いシーンでは、言葉は必要でないかぎり繰り返されない、ということです。
　人間の脳は何かを繰り返すことで物事を覚える、という点から考えると、重要な単語とそれを使った例文に合わせて、わかりやすい日本語の解説が載っている本を使うと、学習が早く進められると期待できます。
　上級の学習者にとっては、英英辞書は学習に役立ちます。また、学習を始める際に、英語の自然な文章が載っている本を選び、その上で、日本語の説明を読み、理解を深めるのもよい方法です。

◢ 自然な言葉遣いになるように努める

　ときどきあることですが、日本人の学習者が使う言葉は、ネイティブスピーカーからすると翻訳した言葉のままのような感じで、不自然に聞こえる場合があります。よく耳にする意味がはっきりしない表現としては、次のようなものがあります。

Tokyo has a lot of information.

（東京は、たくさんの情報を持っています）

　この文章は妙な感じがします。今のインターネット時代には、どこからでも情報にアクセスできるからです。
↓
○自然な表現　　　　　　　　　　　　　　　　　　　　　　　　Track ⏺012

▷ In Tokyo, you can have access to good universities and attend conferences. It's easy to contact people I need to talk to for my work/studies.
　（東京では、よい大学に行ったり、会議に参加したりすることができます。仕事や勉強のため話がしたい人と簡単に連絡を取ることができます）

I like to communicate with my friends.
（私は、友人と意思疎通を図るのが好きです）

　この文章が変に聞こえるのは、'communicate' という単語は少し硬い表現で、友人とすることを表現するものではないからです。
↓
○自然な表現　　　　　　　　　　　　　　　　　　　　　　　　Track ⏺013

▷ I like to meet up with my friends and talk about what's going on.
　（私は友人と会って、何があったか話すのが好きです）

Osaka is very convenient.
（大阪は、とても便利だ）

　この文章も、変なふうに聞こえます。なぜなら英語ではたいてい便利さの概念を文脈で解釈するからです。大阪在住の英語話者以外は、長い通勤通学の時間が必要だという理由で、大阪を不便な場所と考える可能性があります。
↓
○自然な表現　　　　　　　　　　　　　　　　　　　　　　　　Track ⏺014

▷ Osaka has a convenient transportation system and it's always easy to get to the shops.
　（大阪には、便利な交通機関がある。そして、いつでも店にも行きやすい）

☑ 賛成か反対か

　試験官との会話では、試験官の言葉に対してどの程度賛成か、あるいは反対かを言うことが求められます。たとえば、'Don't you think people spend too much time indoors these days?'（最近、人は屋内にいるのが長すぎると思いませんか）という問いに対しては、ただ、yes/noと答えるのではなく、自然な表現を使って答えてみましょう。自然なイディオム表現をより幅広く使えば、その分、レベル6の壁を越えてレベル7に近づけるのです。次のような表現を使うとよいでしょう。

Track ● 015

▷ Absolutely.
（まったくそのとおりです）

▷ There's no doubt about it.
（疑いはありません［確信しています］）

▷ On the whole, yes.
（全体的には賛成です）

▷ Generally, I think they do.
（一般的に言うと、みんなそうだと思います）

▷ I'm not sure about that.
（はっきりとはわかりません）

▷ I agree up to a point, but...
（ある程度は賛成します。しかし…）

▷ I don't think so.
（そうは思いません）

▷ No, not at all.
（いいえ、そんなことはありません）

▷ Definitely not.
（まったく違います）

☑ 頻度を表現する

　'How often do you...?'（どれくらいの頻度で…？）という、よくされる質問に対しては、次のような便利な表現があります。

Track 016

▷ Every day.
（毎日）

▷ Most days.
（ほとんどの日）

▷ About three times a week.
（1週間のうち、3回くらい）

▷ For about an hour each night.
（毎晩、1時間くらい）

▷ Twice a month.
（1か月に2回）

▷ Once every six months.
（半年に1回）

▷ Rarely/Almost never.
（めったに／ほとんどしない）

Track 017

試験官：Do you exercise often?
（よく運動しますか）

受験者：Yes, most days I walk to the station, and then about once a week I go to the gym.
（はい、ほとんどの日は歩いて駅に行きます。それと、週に1回ジムに行きます）

☑ スコア6を狙う

　さまざまなトピックについて話すのに、十分な単語の幅があることを示す必要があります。よく挙げられるトピックに対して、使用できる単語のリストを作り、それを使う練習をしておきましょう。また、よく出るトピックについて、自分が話している場面を録音し、何度も使った単語を同義語でどう言い換えたらよいかも考えてみましょう。

■ スコア7を狙う

　自然な英語というのは、まさに英語らしい英語ということです。したがって、高度な単語と堅苦しくない慣用表現を合わせて使うことが求められます。

　たとえば、

What kind of hotel do you like best?（どんなホテルが一番好きですか）

という質問に対して、レベル6の受験者の答えは次のようになります。

Track ▶018

▷ A hotel that is nice and clean with friendly staff is good. It is not necessary to be beautiful.
（親しみやすいスタッフがいる、感じがよくて清潔なホテルがいいです。必ずしも美しい必要はありません）

　答えるときに気をつけたいのは、'It is not necessary to be...' がやや堅い表現だということです。'It doesn't have to be...'（…でなくてもいい）の方がより自然です。
　レベル7を取るためには、次のように答える必要があります。

Track ▶019

▷ I don't need luxury or a spectacular view, but I do need friendly staff. I hate staff who look down their noses at the customers.
（豪華さや目を見張るような景色は求めていません。ただ、絶対に親しみやすいスタッフがいてほしいです。お客を見下すようなスタッフは嫌いです）

　Part 3では、抽象的な語句を学んでおくことも大切です。ホームレスがトピックの場合、レベル6の受験者は次のような感じで答えます。

Track ▶020

▷ People who are homeless often have mental problems. The government should help them.
（家がない人々は多くの場合、精神的な問題を抱えています。政府は彼らを助けるべきです）

レベル7の受験者だと次のような答えになります。

Track 021

▶ Homeless people often have psychological issues. The government should pull out all the stops to help them.
（ホームレスの人々は多くの場合、心理的な問題を抱えています。政府は最大限の努力をし、彼らを助けるべきです）

Point 3 文法力と正確さを身につける

☑ 時制

緊張していると、話す内容と、それを正確に話すことの両方を同時に考えることが難しくなります。ミスをすること自体は避けられないことです。ですが、ミスを最小限に止めるために、重要なポイントから自分の話した内容を振り返ってみましょう。

受験者が最も多くミスをする項目の1つは時制です。質問は、過去・現在・未来にわたり、受験者はそれにすばやく対応することが求められます。

時制にすぐに対応するために、Do you/Did you/Have you ever...？など、動詞の時制の目印を聞き取る必要があります。そして、時制に合わせ、その時制の形を使って答えます。

現在形

Track 022

試験官：Do you like eating healthy food?
　　　　（健康的な食品を食べることは好きですか）

受験者：Yes, I do...
　　　　（はい、好きです…）

過去形

Track 023

試験官：Did you eat healthy food when you were younger?
　　　　（若いときに健康的な食品を食べましたか）

受験者：Yes, I did...
　　　　（はい、食べました…）

現在完了形　Track 024

試験官：Have you ever eaten something and then wished you hadn't?

　　　　（何かを食べてから、食べなければよかったと思ったことはありますか）

受験者：Yes, I have. In fact, just the other day...

　　　　（はい、あります。実はこの間…）

過去完了形　Track 025

試験官：You say that you strained your leg muscles when you ran a marathon. Had you trained for this marathon?

　　　　（マラソンを走ったときに、あなたは足を痛めたと言いましたね。マラソンのために練習をしましたか）

受験者：No, I hadn't, but now I wish I had!

　　　　（いいえ、しませんでした。でも今は、しておけばよかったと思っています！）

未来形　Track 026

試験官：Will you continue to eat healthy food?

　　　　（健康的な食品を食べ続けますか）

受験者：I hope I will...

　　　　（そうしたいと思っています…）

条件文　Track 027

試験官：If you could eat any new food you like, what would you try?

　　　　（何か新しい食べ物を食べるとしたら、何を試してみたいですか）

受験者：I would...

　　　　（私は…してみたいです）

　混同しやすい時制は以下の通りです。

過去形／現在完了形　Track 028

　はっきりした時間の言及がある場合は、過去形を使い、「過去から今まで」の経験について話す場合は、現在完了形を使います。

▷ I went to Paris last week.

　（先週、パリに行きました）

▶ I have been to Paris many times.
（パリには何回も行ったことがあります）

現在完了形／過去完了形

過去完了形は、1つの文章の中で2つの出来事を示すとき、先に起きたことを表現するのに使います。 Track ⊕029

▶ I had eaten curry for lunch, so I decided not to choose the special curry dish for dinner.
（ランチにカレーを食べました。なので、私は夕食にこの特製カレーを選ばないことにしました）

未来／条件

will はこれから起きる出来事に対して使い、would は起きる可能性があることを示す場合に使います。 Track ⊕030

▶ I will take the IELTS test.
（私はこれからIELTSテストを受けます）

▶ I would like to take the IELTS test someday.
（私はいつか、IELTSテストを受けたいと思っています）

☑ 単数と複数

単数の主語には単数形の動詞、複数の主語には複数形の動詞を合わせます。単数か複数かについては、イギリス英語とアメリカ英語で異なった見方をすることがあります。ある団体について述べる場合、イギリス英語は団体を人々の集まりととらえ、複数形の動詞を使うことがあります。たとえば、次のような場合です。
The government **are** considering a new policy.（政府は、新しい政策について考えている）
The company **are** interested in your new idea.（この会社は、われわれの新しいアイディアに関心を持っている）

アメリカ英語では、団体を単数と考えます（最近では、イギリス英語でもこの傾向にあります）。 例：The government **is** considering a new policy./ The

35

company **is** interested in your new idea.

　テストでは、どちらの形でも認められます。この点で間違いとされることはありません。

　次に取り上げるよくある間違いは、名詞の複数形と単数形です。次の文章で間違っている箇所を見つけられますか。

K2 is one of the highest mountain in Asia.（K2はアジアの中で最も高い山の1つです）

The black widow spider is one of the most dangerous spider in the world.（クロゴケグモは世界で最も危険な蜘蛛の1つです）

　正解は、'mountains' と 'spiders' にしなければいけないということです。なぜならアジアにある山や世界にいる蜘蛛は1つではないからです。こういった間違いはとてもよく見られます。単数形・複数形を正しく使って文章を作ることができれば、試験官はスコアを5や6ではなく、7と判定することを考えてくれるはずです。

☑ 可算名詞と不可算名詞

　不可算名詞にも気をつけましょう。モノを1個単位に分けることができるかどうかを考え、もしできなければ不可算名詞ととらえます。複数形のsは付けません。information（情報）、knowledge（知識）、expertise（専門技術）、communication（意思疎通）、fun（面白いこと）、enjoyment（楽しいもの）、これらはすべて不可算です。不可算名詞に量を表す表現を加える場合は、some（いくつかの）や、場合によってはa piece of（一部分の）を使います。

Wh- 疑問詞節 ── Which（どの）、who（誰）、where（どこ）

　長い表現と短い表現、また、単文と複文を織り交ぜながら、さまざまな文型の形を使うことを目指しましょう。随時、'who' や 'which' を使った節を用いると、スコア7と評価される可能性が高くなります。

☑ 前置詞と冠詞

　日本人によく見られる前置詞のミスは、ofを使いすぎることです。'I am

Watanabe *of* the marketing department.' ではなくて、'I am Watanabe *in* the marketing department.'（私はマーケティング部の渡辺です）が正確な言い方です。また、'I am *in* the doctor's.' ではなくて、'I am *at* the doctor's.'（私は病院にいます）が正しい表現です（at は in や around より、大体の場所を表現する言葉です）。

また、句動詞は、まったく違う単語であるかのように、それぞれの意味を別々に覚える必要があります。例えば、pull in（〈車を〉入れる）、pull out（〈車を〉出す）、pull over（〈車を〉道の片側に寄せて止める）のようにです。大変ですが、頑張ってください。

◢ スコア6を狙う

試験官の質問に対して、正しい時制を使って答えること、また単数形・複数形を正しく使うことに十分注意してください。これらの点は会話に集中しているときも忘れないようにしましょう。ただ、文法ミスを気にしすぎると、話すスピードが落ちてしまい、流暢さの点でスコアを落としてしまう危険があります。

◢ スコア7を狙う

ほとんどの文章において目立った間違いをしないこと、また、現在完了形や条件節、who/which/where の疑問詞を使った従属節を用いて、正しく話せる能力を示すことが必要です。短文と長文を織り交ぜて話すことに挑戦しましょう。

Point 4 正しい発音で

アクセント

IELTS は、イギリスのテストとして広く知られていますが、実は、アメリカ、カナダ、オーストラリア、フィリピンといったさまざまな国の出身者が試験官を務めています。どのアクセントでなくてはいけない、ということは必要条件ではありません。最も重要な基準は、国際的な場で、わかりやすい話し方であるか、ということです。

実は、スコットランドやGeordieというイングランド北東部方言などに見られる地域独特のアクセントは、多くの英語話者にとって、日本人のアクセントよりも聞き取りづらいのです。つまり、英語のネイティブスピーカーであっても、癖の強いアクセントがある人の点数は、明らかに日本人独特ではあるけれどわかりやすいアクセントで話す日本人の受験者よりも低くなる可能性がある、ということが言えます。

◤ よく問題となる部分

自分の弱点を練習しましょう。日本人話者にとって、日本語に存在しない音、特に *th*、*r*、*l*、*v* の音は発音するのが難しいものです。加えて、英語の *f* や *w* は、日本語よりも強く発音されるという違いがあります。また、英語を話すときは、「テレビ」のような外来語の発音をそのまま使わないように気をつけてください。

最近は、スマートフォンの音声認識機能を使って、効果的な発音練習ができるようになっています。皆さんが音声認識機能のあるスマートフォンをお持ちなら、英語モードにして話してみましょう。たとえば、l と r の練習をするために、'I love Marilyn Monroe' と発音してみましょう。あなたが言ったとおりにスマートフォンが認識したなら、あなたの発音が正しいと確認できます。

◤ トーン

英語は強勢によるリズムをもった言語です。文章の意味を伝えるために、文章の中で最も大切な単語を強調します。たとえば、can と can't を見てみましょう。イギリスとアメリカの英語では、この can と can't を区別して発音し分けますが、それにはあまりこだわる必要がありません。なぜなら、意味の違いはストレス（強勢）の置き方で伝わるからです。

もしそこにストレスが置かれたら、否定の can't です。'Really? I *can't* believe it!'（本当ですか。信じられません！）という返答の仕方がありますね。わかりやすく話すために、正しいトーンにすることはとても大切です。

◤ 自信

皆さんがスピーキング力に自信がないせいで、はっきりと話すことができない

なら、とてももったいない話です。英語を話すときに大切なのは、言葉をつなげて、ある程度のまとまりの流れを作ることです。このように話すことに躊躇していると、1語1語がつながらず、バラバラになってしまいます。その結果、試験官にとって、非常に聞き取りづらいスピーチになってしまいます。自信をもって、いい流れに乗って話すようにしましょう。

▰ スコア6を狙う

　適度なスピードで話すことが求められます。あまりにも遅いと、流暢さや発音の部分の評価に影響します。キーワードを強調して話しましょう。また、l/r、b/v、th/sをしっかり区別し、発音してください。

▰ スコア7を狙う

　複雑な構造の文章でも、正しいリズムをキープすること、また、よくある間違いを減らすことを目指しましょう。日本語話者だということが明らかであっても、一定期間、英語圏に住んでいたかのように聞こえる、という姿を目指しましょう。

Part 1

　テストは、家や住んでいる場所、仕事や学校についての質問から始まります。スピーキングセクション全体の中では一番簡単な部分ですが、しっかり質問に集中しましょう。

　質問の一例を以下に挙げました。解答例を見る前に、まずは自力で答えてみましょう。

Sample Questions　　　　　　　　　　　　　　　Track ● 031

　Let's talk about accommodation.

　1 **What type of place do you live in now?**

　2 **What do you like best about your home? Why?**

　3 **Would you like to move to another place in the future?**

解答解説

家

Let's talk about accommodation.

（住んでいるところについて話しましょう）

1 **What type of place do you live in now?**

　（どんな場所［建物］に住んでいますか）

2 **What do you like best about your home? Why?**

　（家で一番気に入っているところはどこですか。その理由はなんですか）

3 **Would you like to move to another place in the future?**

　（将来、別の場所に引っ越したいですか）

　多くの人は、一軒家かアパートに住んでいる、と言えるでしょう。英語で 'mansion' と言うと、寝室が20部屋あって、地下にはプール、庭にはゴルフコースがあるような場所のことを指します。日本語で言う「マンション」はイギリス

英語では 'flat'、アメリカ英語では 'apartment' となります。

Sample Answers 1 　Track 032

▸ I live in an apartment on the seventh floor.
(私はアパートの8階に住んでいます　※イギリス式の階数の数え方)

▸ I live in a flat in a *high-rise* building/*skyscraper* in the centre of Tokyo.
(私は東京の中心地にある高層階マンションに住んでいます)

▸ I live in a house with a small garden.
(私は小さな庭がある一軒家に住んでいます)

▸ I live in a farmhouse out in the countryside. We keep chickens in the yard.
(私は田舎の農場内にある家に住んでいます。庭で鶏を飼っています)

Sample Answers 2 　Track 033

▸ My flat is *within walking distance* of the shops and the train station, so it's very convenient.
(私のマンションは店や駅から徒歩圏内にあります。なので、とても便利です)

▸ I like the balcony because I have a great view of the park from there.
(私はバルコニーが気に入っています。そこから見える公園の景色が素晴らしいからです)

▸ I like my room because it's the only place I can be by myself and really relax.
(私は自分の部屋が好きです。そこが唯一、自分らしくいられてリラックスできる場所だからです)

▸ I like our small garden. It's nice to be outside in spring and autumn.
(私は小さな庭が好きです。春や秋に外に出られるのがよいです)

Sample Answers 3 　Track 034

▸ You know, I've never really thought about it... No, I think I'm happy here. This place has everything.
(あの、今まで考えたことがありませんでした…。いえ、今ここにいられて幸せです。今住んでいるところが、かけがえのない場所です)

▸ No, I don't think so. I've lived here all my life and my family live here, so I'd like to stay.
(いいえ、そうしたくないです。生まれてからずっとこの場所に住んでいますし、家

族も一緒です。なので、今のままでいたいです）

▶ Yes, I would. I hope to move abroad in order to study, so I will leave next year.
（はい、そうしたいです。勉強をするために海外に行きたいと思っているので、来年には今の場所を離れる予定です）

▶ Yes, as soon as I can! I want to get a place on my own and be more *independent*.
（はい、できるだけ早く！　自分の場所を手に入れて、もっと自立したいです）

最後の質問は、少し考える必要があります。最初に 'I've never really thought about it'（今までそれについて考えたことがありませんでした）という言葉で始めれば、考える時間を稼ぐことができます。

次は、あなたの居住地に関する質問を見ていきましょう。

Sample Questions

Let's talk about your home town or village:
1 What kind of place is it?
2 What is it known for?
3 Is your area a good place for families with children?

解答解説

Let's talk about your home town or village:
（地元の街や村について話しましょう）

1 What kind of place is it?
（どんな場所ですか）

2 What is it known for?
（何が有名ですか）

3 Is your area a good place for families with children?
（あなたが住んでいる地域は、子どもがいる家族に向いていますか）

Sample Answers 1　Track 036

▷ It's a large city with shopping malls, restaurants, and an excellent library. The park has a running track and some great sports facilities.

（大都会で、ショッピングモールやレストラン、そして立派な図書館があります。公園にはランニングのコースがあり、素晴らしいスポーツ施設がいくつかあります）

▷ It's a small city with three shopping malls and two cinemas. It has a train station and a park in the southern part.

（小規模の都市です。ショッピングモールが3つ、映画館が2つあります。南側には駅と公園があります）

▷ It's a town with a good shopping mall and a beautiful park. The park has a pond with goldfish and play equipment for children.

（いいショッピングモールと美しい公園がある街です。公園には金魚がいる池と子供用の遊具があります）

▷ It's a village in the countryside. It's very quiet but friendly. Everyone knows each other. There is a bus service that runs four times a day.

（田舎にある村です。とても静かな場所ですが、人はフレンドリーです。みんなお互いのことを知っています。1日に4回運行するバスがあります）

初めに、'home town or village'（地元の街や村）という言葉を含む質問の背景にある文化的特徴を頭に入れておきましょう。イギリスでは、人々は都会よりも街や郊外に住むことを好み、経済力を手にしたら都会から離れようとします。それゆえ、人は街や郊外に住んでいる、と考えがちです。

一方、日本では、都会に住むのが一般的です。このことを踏まえ、「私は都会に住んでいます」と答えるときは、都会に住んでいる理由とともに答えた方が、聞き手をより納得させることができると考えられます。

Sample Answers 2　Track 037

▷ My city is famous for cars. Have you heard of Honda Motor? We have a big Honda factory.

（私の市は車で有名です。ホンダモーターを聞いたことがありますか。市には大きなホンダの工場があるのです）

▷ My village has some beautiful houses from the Meiji era—that's more than one hundred years ago. People *come from miles around/far and wide* to take a look.

（私の村には、100年以上前の明治時代からある、美しい住宅が数軒あります。それを見に、遠くから人がやって来ます）

▸ My town was the birthplace of [name], the famous footballer/writer/movie star.

（私の街は、有名なサッカー選手／作家／俳優の［名前］の出生地です）

▸ My city isn't really famous at all. In fact, few people have heard of it.

（私の市は全然有名ではありません。実際、市について聞いたことがある人はほとんどいません）

この質問はあまり深く考え込まないようにしましょう。あまりにも長く答えに躊躇してしまうと、'fluency and coherence'（流暢さと首尾一貫性）の項目で減点されてしまいます。黙り込まずに、何でもいいので、住んでいる地域で有名になっていることを話しましょう。万一、何も思いつかなかったら、他の場所の評判を思い浮かべ、それをあたかも自分の街のことのように話してもかまいません。

質問自体が、住んでいる地域に何か有名な点があるはずだということが前提になっているので、最後の答えのように、それに対して「有名なものは1つもない」と答えるのも有効です。

Sample Answers 3 　Track 038

▸ Yes, it is. There's a big park with swings and slides, and there are several schools in the neighbourhood.

（はい、そうです。近所には、ブランコやすべり台がある大きな公園がありますし、近くに学校もいくつかあります）

▸ Yes, I think so. I often see families having barbecues in the park, and they seem to be happy!

（はい、私はそう思います。公園でバーベキューをしている家族をよく見ます。みんな幸せそうです！）

▸ Not really. There's a lot of traffic on the roads and the houses are kind of small because I live near the city centre.

（それほどではないです。都会のど真ん中に住んでいるので、道路の交通量は多いし、住宅はやや小さいです）

▸ No way! The kids would go crazy as there's nothing for them to do. It's basically a place for boring businesspeople to live in.

（まったくそうではありません！　子どもができることは何もありませんから、子どもはおかしくなってしまうでしょう。基本的には、退屈なビジネスマンが住むための場所です）

皆さんに子どもがいなくて、地域が子供に向いているかどうかなんて考えたことがないとしても問題はありません。その場所に公園・遊戯施設・学校などがあれば、yes と答えられます。また、'I don't have any children, so I've never considered this, but...'（子どもがいないので、そういうことを考えたことがありませんでした。ですが…）などと言って時間を稼ぐこともできます。

最後の答えは、カジュアルでユーモアがある点に注目しましょう。自然な英語を使える力を示すことができるよい答え方です。実際の生活の中では、教科書に載っているような話し方はしませんよね！

Sample Question　Track 039

Do you work or are you a student?

解答解説

Do you work or are you a student?

（仕事をしていますか、それとも学生ですか）

基本的に、この質問には簡単に答えられると思います。もし働いてもいないし学生でもない場合は、次のように答えることができます。

Sample Answers　Track 040

▷ I'm *between jobs* at the moment. I spend most of my time job hunting.

（今は求職中です。ほとんどの時間を就職活動に費やしています）

▷ I used to be a student but I'm not working at the moment.

（以前は学生でしたが、今のところ、仕事をしていません）

▷ I'm unemployed right now.

（現在失業中です）

■ What's your job?
■ Do you enjoy it? Why/Why not?
■ How do you see your career developing?

解答解説

■ **What's your job?**

（あなたの職業は何ですか）

■ **Do you enjoy it? Why/Why not?**

（仕事は楽しいですか。それはなぜですか）

■ **How do you see your career developing?**

（キャリアの進展については、どう考えていますか）

Sample Answers ■ Track ●042

▷ I work as an engineer in a car factory. Most days I supervise production on the factory floor.

（自動車工場でエンジニアとして働いています。ほとんどの日は現場で生産管理をしています）

▷ I'm a teacher in a public high school. I teach English and history.

（公立高校で教師をしています。英語と歴史を教えています）

▷ I work as a civil servant. It's an *administrative* job.

（公務員として働いています。事務職です）

▷ I work for a company. In Japan, businesspeople often *rotate* jobs, so I don't have a specific title.

（会社員です。日本では、ビジネスマンはよく仕事を交代で行います。なので、私は特定の肩書きを持っていません）

　この答えを広げる必要はありませんが、英語力を見せるために詳しい内容を少し付け加えるのがよいでしょう。

Sample Answers 2　Track 043

▸ Yes, I love it! My colleagues are great and I feel I'm doing a worthwhile job.
（はい。大好きです！　同僚は素晴らしい人たちで、仕事にはやりがいを感じています）

▸ Yes, I do. The work is interesting and the *prospects* for advancement are good.
（はい、そうです。仕事は面白いですし、これからの発展の見通しも良好です）

▸ It's okay. Every job gets routine after a while but *it has its moments*.
（まあまあです。結局は、どの仕事も日常作業です。それでも、良いときもあります）

▸ Not really. My colleagues aren't very pleasant and sometimes I have to work until midnight.
（あまりそうではないです。同僚はあまり感じがよくありませんし、ときどき真夜中まで働かなくてはいけません）

この質問でも、英語力をアピールするために詳しい説明を盛り込みましょう。

Sample Answers 3　Track 044

▸ It's difficult to say as I've only just started out, but I hope to be a CEO one day.
（仕事を始めたばかりなので、何とも言えませんが、いつかCEO（最高経営責任者）になりたいです）

▸ *It's early days* yet, but I hope to become a specialist in my field.
（まだ駆け出しですが、自分の専門領域の中でスペシャリストになりたいです）

▸ I don't really see my job as a career. I want to quit soon and go abroad. That's why I've been studying for the IELTS.
（自分の仕事がキャリアになるとは考えていません。早く辞めて海外に行きたいです。なので、私はIELTSを勉強しているのです）

▸ I imagine I'll move slowly up the *career ladder*. I'd like to be a branch manager someday.
（出世の階段をゆっくりと上がっている自分を頭に思い浮かべています。いつか支店長になりたいです）

この最後の質問も、よく考える必要があります。考える時間を作りましょう。

■1 What do you study?

■2 Why did you choose to study that subject?

■3 Do you think you will stay friends with the other students in the future?

....

解答解説

学業

■1 **What do you study?**

（何を勉強していますか）

■2 **Why did you choose to study that subject?**

（その学科を学ぶことを選んだ特別な理由はありましたか）

■3 **Do you think you will stay friends with the other students in the future?**

（他の学生とは、ずっと友人でいられると思いますか）

Sample Answers ■1　Track 046

▷ I'm a first-year student, so I haven't chosen my major yet. I think I'd like to major in economics.

（1年生なので、まだ自分の専攻を選択していません。経済学を専攻したいと思っています）

▷ I'm studying biology. I hope to work in the medical field in the future.

（生物学を学んでいます。将来は医療分野で働きたいと思っています）

▷ I'm studying about ten different subjects, mostly *liberal arts*.

（10の異なる科目を勉強していて、主にリベラルアーツに力を入れています）

▷ English literature. I love Shakespeare but it's very difficult!

（英文学です。シェイクスピアが大好きなのですが、とても難しいです）

　学年を表す表現は、イギリス英語とアメリカ英語で違いがあります。イングランドやウェールズは基本は3年制で、下から 'first/second/third year' と言います（スコットランドでは、学位を取るためには4年間が必要です）。アメリカでは

4年制を採っていて、'freshman/sophomore/junior/senior' と言います。言い慣れた表現を使ってかまいません。

Sample Answers 2 　Track 047

▷ To tell the truth, my first priority was getting into Tensai University. I didn't think about studying any particular subject.
（実のところ、私にとって一番大切なことはテンサイ大学に入ることでした。特に何の学科を勉強したいかということは考えていませんでした）

▷ To be honest, that *just happened to be* my best subject. I didn't have any special reason other than that.
（正直に言うと、たまたま私にとって一番いい学科だったのです。他の科目と比べて、特別な理由があったわけではありません）

▷ I want to work for the United Nations someday, which is why I chose to study languages.
（いつか、国連で働くことを希望しています。なので、語学を勉強しています）

▷ I've always wanted to be an engineer, so it was a natural choice for me.
（エンジニアになりたいとずっと思い続けていたので、私にとって当然の選択でした）

　専攻を決めるのに、はっきりとした理由がないまま、大学内をさまよっている人はたくさんいます。もしそうならば、正直に言ってもかまいません。ただ、少々気恥ずかしいことを打ち明けることになるので、'To tell the truth'（実のところ）や 'To be honest.'（正直に言うと）などと前置きをするといいでしょう。
　3つ目の答えでは、which が使われていることがポイントです。必要に応じて which や who を使うと、複文の文構造を作る力を見せることができます。

Sample Answers 3 　Track 048

▷ I'd like to, but I don't know if that will happen. After we graduate, I suppose we'll all go off to live in different places.
（そうしたいですが、そうなるかはわかりません。卒業した後は、みんな離れ離れに別のところで暮らすようになると思います）

▷ I hope so! I've made some good friends on my course, and I'd like to keep them.
（そう望んでいます！　コースで何人かいい友達ができたので、付き合い続けたいで

49

す）

▷ I'd like to keep in touch with one or two good friends I've made, but I suppose I will lose touch with most people.

（今までにできた友人１人か２人と連絡を取り続けたいですが、ほとんどの人とは疎遠になると思います）

▷ Probably not. I don't really *socialise* with the other people on my course. I'm just focusing on getting a good degree.

（多分そうはなりません。コースではあまり他の人と付き合いがないのです。私はただ、よい成績を取ることに集中しています）

Language Activity

解答例に出てきた下記の A)～N) の単語・フレーズを使って、1)～8) の空欄を埋めなさい。

　Until last month I had an 1)＿＿＿ job in an office but I quit and am looking for another job, so you could say I'm 2)＿＿＿ right now. I'm going to go back to university to get a Master's, and once I get it, my job 3)＿＿＿ should improve. I want to work as a businessperson. I'm good at making friends and 4)＿＿＿, so I hope this will help me climb the 5)＿＿＿ to become a CEO one day. As for my residence, I live in a 6)＿＿＿ building that has fifteen storeys. It takes just 10 minutes on foot to get to the shops, so they're 7)＿＿＿. I like this place because I live by myself, so I'm finally free of my parents! I enjoy being 8)＿＿＿.

A) **high rise/skyscraper**
B) **within walking distance**
C) **independent**
D) **between jobs**
E) **it's early days**
F) **administrative**
G) **rotate**
H) **prospects**
I) **career ladder**
J) **come from miles around/far and wide**
K) **it has its moments**
L) **liberal arts**
M) **just happened to be**
N) **socialising**

答 1)→F) ／ 2)→D) ／ 3)→H) ／ 4)→N) ／ 5)→I) ／ 6)→A) (high rise)
／ 7)→B) ／ 8)→C)

Track 049

訳：先月まで、私は会社で事務仕事をしていましたが、それを辞めて今は別の仕事を探しています。なので、私は今、求職中と言えるでしょう。修士号を取るために大学に戻るつもりです。修士号が取れたら、私の仕事の将来性は高まるはずです。私はビジネスマンとして働きたいです。友達を作って交流するのが得意なので、この性格は、CEOへの出世の階段を上るのに役立つはずだと期待しています。私の住んでいるところについて話すと、15階建ての高層ビルに住んでいます。10分歩けばお店に着きます。つまり、徒歩圏内にお店があります。私はこの場所が好きです。なぜなら自活できていて、両親からやっと自由になれたからです！　自立している状況を満喫しています。

□ **A)** 高層の／高層ビル（high-rise buildingは大体20階建てほどの高さ。
　 skyscraperはそれ以上の高さのものを指す）
□ **B)** 徒歩で行ける範囲内
□ **C)** 自立した、親に頼らない
□ **D)** 前の仕事を辞めた後で次の仕事に就く前、求職中
□ **E)** これから何が起きるのか知るのはまだ早い
□ **F)** 管理的、事務的
□ **G)** 会社内で仕事を交替する
□ **H)** 未来で成功するチャンス、先行き
□ **I)** 昇進、出世街道
□ **J)** 離れたところからある場所にやってくる
□ **K)** ときどきある
□ **L)** リベラルアーツ、一般教養
□ **M)** 偶然にも…
□ **N)** コミュニケーションを取り、仲よくなる

Part 1-2 （身近なトピック）

　最初の質問が終わったら、次に、身近なトピックについて２つ質問されます。質問がとても簡単に見えるので、受験者は「簡単すぎる！　本当に英語力のテストなの？」と思いがちですが、答えはイエスです。あなたの解答の複雑さが評価の対象となるからです。

　簡単な質問でも、十分内容を深めて答えが出せるものです。質問はセットになっています。どんな組み合わせでも、最後の質問は他の質問より、しっかり考えて答える必要があります。

Sample Questions Track 050

Now I'd like to talk about television.
1 How much television do you watch?
2 What kind of programmes do you like to watch when you relax?
3 Do you ever watch films/movies in a foreign language?
4 Do you think television is getting less popular these days?

解答解説

Now I'd like to talk about television.
（テレビについて話したいと思います）
1 How much television do you watch?
（どれくらいテレビを見ますか）

Sample Answers Track 051

▷ It depends on the day. On weekdays I watch for about an hour a day, but at weekends※ I sometimes watch for four hours. I think it might be a little too much.
（日によります。平日は１時間くらいですが、週末は４時間見ることがときどきあります。少し見すぎかもしれないと思っています）
※注：アメリカ英語では 'on weekends' といいます。

▷ I rarely watch TV. Actually, I live in a student dormitory and don't have a TV in my room.

（テレビはほとんど見ません。実は、学生寮に住んでいて自分の部屋にテレビがないのです）

▷ I watch for at least three hours a day. I think I'm a TV addict!

（少なくとも1日に3時間は見ます。自分はテレビ中毒だと思います！）

▷ When a good series is on I watch all the time; otherwise I hardly watch at all.

（面白いシリーズものが放送されていたらずっと見ています。そうでなければ、ほぼまったく見ません）

■ レベルアップ表現に挑戦！

ネイティブスピーカーのように話すことに挑戦してみましょう。導入（切り出し）では、次のような表現が使えます。

Track 052

▷ That's a tricky one.

（答えにくい質問です）

▷ Far too much!

（縁遠い話です！）

▷ It's difficult to say.

（表現するのが難しいです）

▷ Let me think for a second…

（少し考えさせてください…）

2 **What kind of programmes do you like to watch when you relax?**

（リラックスしているとき、どんな番組を見たいですか）

Sample Answers Track 053

▷ I like comedy programmes. After a stressful day I like to laugh a lot and forget about everything that happened. I'll probably watch a comedy show when I return home today.

（私はコメディー番組が好きです。ストレスだらけの1日の後は、たくさん笑って、その日あったことすべてを忘れたいです。今日家に帰ったら、たぶんコメディーを見ると思います）

▷ I like watching music programmes. I especially like J-pop/K-pop/Western pop.
（音楽番組を見るのが好きです。特にJポップ、Kポップ、洋楽のポップスが好きです）

▷ I like to catch up on the news. I need to know what's going on for my job.
（ニュースを追うのが好きです。仕事上、何が起きているのかを知らなければならないのです）

▷ Anything at all! I just switch on the TV and watch whatever's on.
（どんなものでもいいです！　ただテレビをつけて、流れているものは何でも見ます）

┌─ レベルアップ表現に挑戦！

Sample Answer　Track ●054

▷ I'm into *soaps*. I like to see characters developing week by week. I also like *sci-fi* and *human-interest* stories.
（メロドラマにはまっています。登場人物が週ごとに変わっていくのを見るのが好きです。SFや人情話も好きです）

┌─ 役に立つ語句・表現

□ **soap (opera)**　メロドラマ
□ **sci-fi**　サイエンスフィクション、SF
□ **human-interest story**　人情話（信じられないような逃避・事件・病気などが、心情に訴えるように語られる話）

┌─ レベルアップ表現に挑戦！

Sample Answer　Track ●055

▷ I just *flop* on the sofa in front of the TV and *surf* with the *remote*.
（テレビの前のソファにドスンと座って、リモコンでチャンネルを頻繁に変えます）

- ☐ **flop on the sofa**　ソファにドサっと座り込む
- ☐ **surf**　いくつものチャンネルを目的もなく変える
- ☐ **remote**　remote controlの略名

3 Do you ever watch films/movies in a foreign language?
（外国語で映画を見ることはありますか）

Sample Answers　Track 056

▷ Yes, I like to watch English films in English. Dubbed films don't sound natural.
（はい、英語の映画は、英語で見るのが好きです。吹き替え版の映画は不自然です）

▷ Of course. English movies appear on TV all the time, and it's easy to switch between languages on the remote.
（もちろんです。英語の映画はテレビでずっとやっています。リモコンを使えば、簡単に言語を切り替えることができます）

▷ Yes, I watch films in English to improve my language skills. It's an effective method.
（はい、英語で映画を見て、語学力を磨いています。効果的な方法です）

▷ I did once, but it was too much hassle. I prefer to watch movies in Japanese.
（一度見たことがありますが、とても苦労しました。日本語で見る方が好きです）

Sample Answer　Track 057

▷ Yes, *once in a blue moon* I watch an English-language film. You can't *absorb the atmosphere* unless you do that. *I must admit* that reading subtitles is *hard on the eyes*, though.
（はい、ごくまれに英語の映画を見ます。そうしないと雰囲気にどっぷりひたることはできません。確かに、字幕を読むのは目に悪いですが）

=== 役に立つ語句・表現 ===

☐ **once in a blue moon**　ごくたまに

☐ **absorb the atmosphere**　雰囲気を存分に感じる

☐ **I must admit**　確かに／実は（自分とは反対の意見をもっともだと認めるときに使う）

☐ **hard on the eyes**　目に悪い

=== レベルアップ表現に挑戦！ ===

Sample Answer　Track 058

▷ *Not if I can help it.* Reading captions *drives me up the wall.* They're always short, so you miss a lot of the real dialogue. You can get much more information when the movie is *dubbed.*

（できるだけそうしません。字幕を読むのにはうんざりします。字幕は常に短くて、実際のセリフがたくさん抜け落ちています。字幕吹き替えの方が、情報をもっと得ることができます）

=== 役に立つ語句・表現 ===

☐ **No if I can help it.**　そうしないようにあらゆる努力をする。

☐ **drive someone up the wall / drive someone crazy**　イライラさせる

☐ **dub**　別の言葉で吹き替える

---

4 Do you think television is getting less popular these days?

（最近、テレビの人気はなくなったと思いますか）

Sample Answers　Track 059

▷ Yes, I do. People have more choice now. Some still watch TV but others go on the net with their PCs or smartphones.

（はい、そう思います。今では多くの選択肢があります。まだテレビを見ている人もいますが、パソコンやスマートフォンでのインターネットを利用する人もいます）

▷ Yes, probably. I think people are generally busier than they used to be. They don't have the time to watch TV.

（はい、おそらく。一般的に言って、人は以前より忙しくなっていると思います。テレビを見る時間はありません）

▷ No, I think it's about the same. People say the Internet is taking over but most people still sit on the sofa and watch TV in the evenings.

（いいえ、ほぼ同じだと思います。インターネットがテレビに取って代わると言う人もいますが、多くの人は今でも、夜はソファに座ってテレビを見ています）

▷ No, on the contrary, I think it's getting more popular. Programmes are getting more interesting and sophisticated.

（いいえ、その逆で、テレビはより人気が出てきたと思います。番組は以前より面白く、洗練されてきています）

┌─ レベルアップ表現に挑戦！

Sample Answers　Track ● 060

▷ Yes, that's a *no-brainer*. No one wants to be *spoon-fed* from *a handful of* channels when we can choose whatever we want from online social networks on PCs and smartphones.

（はい、考えなくてもわかります。パソコンやスマートフォンでソーシャルネットワークを使って、知りたいことなら何でも情報を選び取ることができる時代に、数少ない番組から楽に情報を得ようとする人はいません）

▷ I would say so. We're all working *24/7* these days and watching TV is *something of a luxury*.

（そう言えます。われわれは近頃、年中働いていますし、テレビを見るということは贅沢すぎます）

┌─ 役に立つ語句・表現

□ **no-brainer** （考える必要がないほど）明白なもの

□ **spoon-fed** 一方的に教え込まれた

□ **a handful of** 一握りの

□ **24/7** 年がら年中（1日24時間、1週間のうち7日）

□ **something of a luxury** ちょっとした贅沢品

Language Activity

A)〜J) の表現の意味を、それぞれ 1)〜10) から選んで、空所に記入しなさい。

A) **I must admit**
B) **soaps**
C) **once in a blue moon**
D) **hard on the eyes**
E) **not if I can help it**
F) **drive me up the wall**

G) **no-brainer**
H) **spoon-fed**
I) **a handful of**
J) **24/7**

1) **I make every effort not to do it.**
2) **a few**
3) **I accept it is true that**
4) **intensely annoying**
5) **all the time**
6) **receiving something without choosing or thinking about it**
7) **very rarely**
8) **not good for one's vision**
9) **easy to answer or work out**
10) **serial, melodramatic dramas featuring related stories**

A) _____ B) _____ C) _____
D) _____ E) _____ F) _____
G) _____ H) _____ I) _____
J) _____

答　A)→3) ／ B)→10) ／ C)→7) ／ D→8) ／ E)→1) ／ F)→4) ／ G)→9) ／ H)→6) ／ I)→2) ／ J)→5)

□ 1) そうしないように、あらゆる努力をする
□ 2) いくつかの
□ 3) 事実だと認める
□ 4) 激しくイライラさせる
□ 5) いつも
□ 6) 選択・吟味せずに何かを受け入れる
□ 7) ほとんどしない

□ **8)** 目によくない
□ **9)** 答えたり実行したりするのが簡単
□ **10)** 人間関係に焦点を当てた連続もののメロドラマ

1)～8) の空欄に A)～J) の表現を入れなさい。(ただし必要であれば動詞を適する形に変えること。)

People often look down on 1)_____ because they get so sentimental, but 2)_____ that I enjoy them. I am too busy to watch TV, though, so I only see them 3)_____. Because I don't watch them regularly, I cannot follow the storyline and that 4)_____. However, since the storyline is generally easy to understand, I only have to watch 5)_____ programmes in order to remember who the characters are and what they are doing. Of course, it's better to watch TV only occasionally. If you watch it 6)_____, it's 7)_____ and you will soon need glasses (or stronger glasses if you already wear them). It's better to avoid the TV most of the time. That's a 8)_____.

答 1)→B) ／ 2)→A) ／ 3)→C) ／ 4)→F)(drives) ／ 5)→I) ／ 6)→J) ／ 7)→D) ／ 8)→G)

Track ● 061

訳：人はたいていメロドラマをバカにする。なぜならとても感傷的だからだ。しかし、認めなければならないが、私はメロドラマを楽しんでいる。忙しすぎてテレビを見る時間はないのだが、ごくたまにメロドラマを見ている。いつも見ているわけではないので、話の筋を追えずとてもイライラする。しかし、話の筋は大体わかりやすいので、番組をいくつか見るだけで、登場人物がどんな人で何をしていたかを思い出すことができる。もちろん、テレビはたまに見るのがいいのだ。年中テレビを見ていると目を悪くして、そのうちメガネが必要になってしまう（すでにメガネをかけているのであれば、もっと度を強くしなければならなくなる）。できるだけテレビを見るのはよした方がいい。当たり前のことだ。

Sample Questions

Track 062

Let's move on to talk about mobile phones.

1 When did you get your first mobile/smart phone?

2 What do you use your mobile/smart phone for?

3 Do you ever switch off your mobile/smart phone?

4 How important is your mobile/smartphone to you?

解答解説

Let's move on to talk about mobile phones.

（携帯電話の話に移りましょう）

1 **When did you get your first mobile/smart phone?**

（初めて携帯電話／スマートフォンを持ったのはいつですか）

Sample Answers　Track 063

▶ It was on the day I started junior high school. My mom was worried about me walking to school by myself, so she got me one with GPS.

（中学に入ったときです。母は、私が自分1人で学校に歩いていくのを心配しました。それで、GPS付きの携帯電話を持たせたのです）

▶ I didn't get one until I was a high school student. My dad took me to the store and I chose a beautiful smartphone.

（高校生になるまで持っていませんでした。父がお店に連れて行ってくれて、私はきれいなスマートフォンを選びました）

▶ I got mine when I was still at elementary school. It was a pink phone and very simple by today's standards.

（まだ小学生だったときに持ちました。ピンクの電話で、今の基準からすると、とてもシンプルなものでした）

▶ I think it must have been about 10 years ago. My parents were worried that I would use the phone all the time. They were right!

（おそらく10年前だったと思います。私がひっきりなしにスマートフォンをいじっているので、両親は心配していました。当然のことでした！）

Sample Answers Track ●064

▷ My mom and dad didn't want me to have one but I *pestered* them until they gave in. My dad said it *cost an arm and a leg*.

(母と父は私に携帯電話を持たせたくなかったのですが、私は両親が折れるまでしつこくせがみ続けました。父はとても高くつくと言っていました)

▷ I saved up my pocket money and bought myself a white *flip-top* phone on my 13th birthday. That money was *all I had in the world* but it was worth it.

(お小遣いを貯めて、13歳の誕生日に自分で白い開閉型の電話を買いました。お金は当時私が持っていた全財産でしたが、その価値はありました)

╔═ 役に立つ語句・表現

☐ **pester**　悩ます、困らす、せがむ

☐ **cost an arm and a leg**　〔出費が〕高くつく

☐ **flip top**　押し上げ式の、折りたたみ式の

☐ **all I had in the world**　持っているすべてのお金

② What do you use your mobile/smart phone for?

(携帯電話／スマートフォンを使って何をしていますか)

Sample Answers Track ●065

▷ I mostly just send messages to my friends. I must send about 20 messages a day.

(大体は、友達にメッセージを送るだけです。1日に20通くらい送らないといけません)

▷ I spend a lot of time on the Internet. I read the news and watch video clips.

(インターネットにかなりの時間を費やしています。ニュースを読んだりビデオクリップを見たりしています)

▷ I use it for practical stuff like checking train times or finding where I am on a map.

(実用的なことに使っています。たとえば電車の時間を調べたり、自分が地図上のど

こにいるのかを調べたり、といったことです）

▷ I only use it to phone my friends and family. Most of the time it just stays in my bag.
（友達や家族に電話をかけるときにだけ使っています。バッグの中に入れたままにしていることが多いです）

━ レベルアップ表現に挑戦！

Sample Answers　Track 066

▷ I use it to surf the net, check my location on a map, look for a good restaurant—*you name it*! Once I'm using the phone I'm *in my own world*. *Nothing can get to me*, even on a rush-hour train. I'd be *lost without it*.
（ネットサーフィンする、地図で自分のいる位置を確認する、いいレストランを探す——何でもできます！　電話を使い出すと、自分の世界にはまってしまいます。たとえラッシュアワーの電車に乗っていたとしても、何も気にならなくなります。電話がなかったら、何をしたらいいかわからず、途方に暮れてしまうでしょう）

━ 役に立つ語句・表現

□ **You name it.** 　どんなものでも
□ **in my own world** 　周りを忘れて自分の世界に没頭する
□ **nothing can get to me** 　何にも邪魔されない
□ **be lost without it** 　それがないとどうしていいかわからない

3 Do you ever switch off your mobile/smart phone?
（携帯電話／スマートフォンの電源を切っていますか）

Sample Answers　Track 067

▷ Yes, I do. Unfortunately the battery only lasts for around six hours so I need to keep it switched off when I'm not using it.
（はい、そうしています。残念ながらバッテリーが6時間ほどしか持たないので、使わないときは電源を切らなければならないのです）

▷ Yes, I switch it off at night. I don't think it's good for the battery to have the phone on all the time.

（はい、夜は切っています。ずっと電話を入れたままにしておくのは、バッテリーに
よいと思いません）

▸ Only when there's a rule that says I have to turn it off. Sometimes I turn it to
what is called 'manner mode', which silences any calls that may come in.

（何か規則があって、電源を切らなければいけないときだけ切っています。ときどき、
いわゆるマナーモードにしています。そうすれば電話がかかってきても無音にしてく
れます）

▸ No, never. When I get home at night I plug it into the charger and leave it
there till morning. I don't even remember where the 'off' button is!

（いいえ、絶対に切りません。夜、家に帰ったら、充電器につないで朝までそのまま
にしています。どこが「電源オフ」ボタンなのかさえわかりません！）

┌─ レベルアップ表現に挑戦！

Sample Answers Track ●068

▸ No, I keep it switched on *day and night* so I can receive messages *in real time*.
It feels like an extension of my body!

（いいえ、スイッチはいつも入れっぱなしにして、すぐにメッセージを受け取れるよ
うにしています。電話は自分の体の延長部分のような感じです！）

▸ Yes, I *never fail to* switch it off in the classroom. The teacher *hits the roof* if
she hears a phone ringing while she's teaching!

（はい、教室の中では必ずスイッチを切っています。私の先生は、授業の最中に電話
が鳴っているのを耳にすると、ものすごく怒ります！）

┌─ 役に立つ語句・表現

☐ **day and night**　いつも

☐ **in real time**　物事が起きたときに

☐ **never fail to**　必ず～する

☐ **hit the roof**　激しく怒る

4 How important is your mobile/smartphone to you?

（携帯電話／スマートフォンはあなたにとってどれくらい大切ですか）

Sample Answers　Track 069

▷ Very. I've come to rely on it for keeping in touch with friends.
（とても。友人と連絡を取り続けるために、電話に頼るようになっています）

▷ It's quite important. Without a mobile phone, it'd be difficult to coordinate meeting up with people.
（本当に大切です。携帯電話がなければ、人との待ち合わせを調整するのが難しいです）

▷ I need it for business but otherwise I never look at it.
（仕事上で必要ですが、それ以外は見ることはありません）

▷ I don't like my mobile phone. I prefer to speak to people face-to-face.
（携帯電話は好きではありません。人と直接会って話をする方が好きです）

┌ レベルアップ表現に挑戦！

Sample Answers　Track 070

▷ I'm totally *hooked on* it. If I lost it, I think I'd get *withdrawal symptoms*.
（完全に依存しています。もしなくしてしまったら、禁断症状が出てしまうと思います）

▷ If I lost it, I *wouldn't lose any sleep over it*. It's *just another* gadget.
（もしなくしてしまっても、気にならないと思います。携帯電話は便利な機械の1つにすぎません）

┌ 役に立つ語句・表現

□ **hooked on**　病みつきになって、夢中になって
□ **withdrawal symptoms**　何かに依存した後に気力が落ち込むこと、離脱症状
□ **wouldn't lose any sleep over it**　心配にならないだろう
□ **just another**　ありふれた、ありきたりの

Language Activity

A)～J) の表現の意味を、それぞれ 1)～10) から選んで、空所に記入しなさい。

A) pester
B) you name it
C) in my own world
D) nothing can get to me
E) day and night
F) in real time
G) never fail to
H) hit the roof
I) hooked on

J) withdrawal symptoms

1) whatever you can imagine, I use it for that.
2) feel depressed after having previously relied on something
3) as it happens
4) reliant on
5) all the time
6) bother persistently
7) nothing can bother me
8) always be sure to
9) focused on my own thoughts, not on what's happening around you.
10) get explosively angry

A) _____   B) _____   C) _____
D) _____   E) _____   F) _____
G) _____   H) _____   I) _____
J) _____

答　A)→6) ／ B)→1) ／ C)→9) ／ D)→7) ／ E)→5) ／ F)→3) ／ G)→8)
／ H)→10) ／ I)→4) ／ J)→2)

☐ 1)　思いつくものは何でも対象になる
☐ 2)　何かに頼りきった後、落ち込みを感じる
☐ 3)　起こったときに
☐ 4)　当てにする
☐ 5)　いつも
☐ 6)　せがみ続ける

□ **7)** 何にも邪魔されない

□ **8)** 必ず〜する

□ **9)** 自分の考えに没頭し、周りで起きていることは目に入らない

□ **10)** 爆発的に怒る

---

1)〜8) の空欄に A)〜J) の表現を入れなさい。

I love my smartphone. Whenever I'm on a busy commuter train, I just plug in my headphones and immediately I'm 1)＿＿＿. All the usual hassles of a crowded train disappear; 2)＿＿＿. I have a huge collection of music on my phone—jazz, rock, hip-hop, 3)＿＿＿. I also use my phone to catch the news. I can hear about events 4)＿＿＿. There is one problem, however. I seem to be getting 5)＿＿＿ my phone, because I panic when the battery runs out and suffer 6)＿＿＿ when I can't use it. This is why I 7)＿＿＿ plug the phone into a power source whenever I get the chance. When I sleep, I even use a sleep app that tells me how well I'm sleeping, so you could say I use it 8)＿＿＿.

答 1)→C) ／ 2)→D) ／ 3)→B) ／ 4)→F) ／ 5)→I) ／ 6)→J) ／ 7)→G) ／ 8)→E)

Track 071

訳：私はスマートフォンが大好きだ。混雑した通勤電車に乗るときはいつでも、ヘッドフォンを差してすぐに自分の世界に浸っている。混んだ電車に乗っているイライラがすべて消える。何にも邪魔されない。電話の中に、たくさんの音楽のコレクションを入れている。ジャズ、ロック、ヒップホップ、何でもある。ニュースを見るときも電話を使っている。即座に何があったかを知ることができる。ただ、1つ問題がある。だんだん電話に依存するようになってきたようなのだ。というのも、電源が切れたときパニックになったり、電話が使えないとき禁断症状に悩まされているからだ。だから充電できる機会は逃さない。寝るときは、アプリを使ってどれだけよく寝ているかを測定している。だから、まさに1日中電話を使っていると言える。

　Part 2では、トピックが書かれたカードが渡されます。カードにはトピックと一緒に、3つの小項目とスピーチを締めくくるポイントが記載されています。あわせて、紙と鉛筆が渡されて1分間の準備時間が与えられます。

　トピックは一般的な経験に関することです。たとえば、今までに読んだ本、友達とした面白い会話といったことです。TOEFLとは違い、都会と田舎ではどちらに住みたいかという質問に対し、自分の立場や選んだ理由を言うということはありません。

　スピーチの後、簡単な質問が1〜2つされます。

　Part 1と同じく、まずは自力で答えてみましょう。以下のカードに従ってスピーチを行ってください。

Sample Questions   Track 072

Describe a person who helped you when you got into trouble.

You should say:

1 **what the trouble was**

2 **who helped you**

3 **how he/she was able to help you**

and explain why you remember this person.

解答解説

Describe a person who helped you when you got into trouble.

（困ったときに助けてくれた人について話してください）

You should say:

（話すべきことは）

1 **what the trouble was**

　（どんな問題があったのか）

2 **who helped you**

　（誰が助けてくれたのか）

3 **how he/she was able to help you**

（どのようにその人はあなたを助けてくれたのか）

and explain why you remember this person.

（そして、なぜあなたはその人のことを覚えているのかを説明してください）

┌─── 2分は長い！　どうやって話し続けたらよいか？

　事実を大まかに話すのではなく、小項目のポイントに合わせて、具体的な内容を盛り込んでいきましょう。そうすれば次第に話が展開していきます。具体的なことを入れすぎると、話の感じがカジュアルすぎて雑談のようになってしまうと心配になるかもしれません。しかし、経験について話すには、そのような雰囲気が最もふさわしいと言えます。

　例を挙げます。困ったときに助けてくれた友達について話す場合、まず初めに、なぜ困っていたのか、状況を言います。その後に、どんな性格なのか、実際にどう助けてくれたのか、など友達について具体的に説明をしていきます。友達が助けに入ってくれたとき、皆さんはどうリアクションをしたのか、どのように感じたのかということも加えることができます。

　途中話がずれても、最終的にトピックに戻れば問題ありません。また、事実とは異なる脚色を加えるのも自由です。本当にあったことだけを話すのが一番簡単ですが、それに別の話を加えてもいいのです。評価されるのは、言語を使う力がどれだけあるかです。そのことをしっかり意識しましょう。

下記の A)〜F) から言葉を選んで 1)〜6) の空欄を埋めなさい。注：文頭に来るもの
も小文字にしてあります。

1)____ , my family and I went on a holiday to Germany. Of course I didn't know any German, but I didn't need to because my mum and dad could speak it **to some extent.** 2)____ , we all went to a department store. I wanted to look at some toys, so my parents told me to stay in the toy section until they came back. The toys were different from anything I'd seen at home and I was having fun. I **must have forgotten** about the time because I played and played, but 3)____ I got tired and looked round for my parents and my sister. They were **nowhere to be seen!** I searched all over the store, but the more I looked, the more unsure I became about where I was. I started to cry. 4)____ , an old lady with red glasses came up to me and said something I couldn't understand. When I didn't say anything back, she seemed to know what was wrong and took my hand. I remember that she was much bigger than me, as all **grown-ups** were, but I wasn't scared, and knew that I was safe with her. 5)____ , she found my father looking at some jeans in the clothes section. I was so relieved. The lady smiled and said something to my father, and they both laughed together. Actually my parents gave me **a good telling-off** when we got back to the hotel, but I was just so happy to be back that I didn't mind. 6)____ because of her big red glasses, but also because she was so kind. But because I was little, I wasn't able to say 'thank you' to her. When I next go to Germany I want to look for the lady with the big red glasses and say a big 'thank you' to her.

A) **hearing this,**

B) **I remember her**

C) **when I was a young girl**

D) **after a while**

E) **one day**

F) **eventually**

答　1)→C)／2)→E)／3)→F)／4)→A)／5)→D)／6)→B)

Track ◉ 073

訳：私が子どもだった頃、私と私の家族は休暇にドイツへ行きました。もちろん、私はドイツ語がまったくわからなかったのですが、その必要がありませんでした。私の両親がある程度ドイツ語を話すことができたからです。ある日、みんなでデパートに行きました。私はおもちゃが見たかったので、両親は私に、自分たちが戻ってくるまでおもちゃ売り場にいるようにと言いました。そこにあったおもちゃは、私の自宅にあったものとまるで違うものだったので、とても楽しんでいました。私は時間をすっかり忘れていたに違いありません。遊びに夢中になっていたからです。でも、そのうち私は疲れてしまい、両親と私の姉を探して辺りを見回しました。どこにも見当たりません！　私は店中を探しましたが、探せば探すほど、自分がどこにいるのかわからなくなりました。私は泣き出してしまいました。泣き声を聞きつけて、赤いメガネをかけた年配の女性が私に近づいて私の理解できない言葉を何か言いました。私が何の返事もしないので、彼女は何が起きているのかがわかったようで、私の手を取りました。彼女は、すべての大人がそうだったように、私よりも大きかったことを覚えています。でも私は怖くなかったし、彼女といれば安全だということがわかっていました。しばらくして、彼女は洋服売り場でジーンズを見ている私の父を見つけました。私はとてもほっとしました。女性は微笑んで父に何かを言い、2人とも笑いました。実のところ、ホテルに戻ってから両親にはこっぴどく叱られました。それでも私は戻ってこられたことが幸せで、気にしませんでした。彼女のことを覚えているのは、大きな赤いメガネのせいですが、それだけでなく、彼女がとても優しかったからです。でも私は小さかったので、「ありがとう」と言うことができませんでした。今度ドイツに行ったら、大きな赤いメガネをかけた女性を探して、心から「ありがとう」と言いたいです。

□ **A)** 〜を耳にして

□ **B)** 私は彼女を覚えている

□ **C)** 私が少女だったとき

□ **D)** しばらくして

□ **E)** ある日

□ **F)** 結局

スピーチ後の質問は簡単です。長い返答を求めるものではありません。以下の質問に答えてみましょう。

Track 074

Question

Did you often get into trouble as a child?
（子どものとき、困った目によく遭いましたか？）

Sample Answers Track 075

▸ No, not often. The time I got lost was an exception.
（いいえ、そんなにありませんでした。迷子になったことは例外です）

▸ Yes, all the time! It must have been hard on my parents!
（はい、いつもそうでした！　両親には迷惑をかけていたに違いありません）

┌─ レベルアップ表現に挑戦！

Sample Answer Track 076

▸ *Trouble was my middle name.* My parents must have been *tearing their hair out!*
（トラブルはしょっちゅうありました。私の両親はどうしたらいいか途方に暮れていたと思います）

┌─ 役に立つ語句・表現

☐ **Trouble was my middle name!**　常にトラブルに遭い続けていた！
☐ **tear one's hair out**　（怒り・悲しみなどで）髪をかきむしる、取り乱す

┌─ 解説

　Language Activity の話は、時間の経過を表す表現を使い、時系列で展開されています。話し手はまず、出来事の背景を説明し、場面を示しています。その後、具体的に何が起きたのか、その出来事に対し自分はどう行動したのかという話に移っていきます。最後に、これから先の話をして締めくくっています。子どもの視点で話されているので、「年配の女性が大きかった」と表現されています。物語

の形式はとてもシンプルなもので、話し手側が細かい部分を気にする必要はありません。そのことを覚えておきましょう。

Language Activity

1)〜5) の空欄に A)〜E) の表現を入れなさい。

My Dad often says I don't listen. That's true 1)＿＿, but only when I am really enjoying myself. Yesterday, I was playing a video game when my dad told me that dinner was on the table. 'Okay, Dad!' I shouted. I 2)＿＿ about dinner because I was still playing half an hour later when my dad came up and told me my dinner had gone cold. I rushed downstairs but my dinner was 3)＿＿. 'What have you done with it?' I cried. 'I gave it to the dog,' he replied. Sure enough, the dog was eating my dinner! Then my Dad gave me 4)＿＿. Why do 5)＿＿ get so angry? Don't they remember that they were kids once?

A) **grown-ups**
B) **a good telling-off**
C) **must have forgotten**
D) **to some extent**
E) **nowhere to be seen**

1) ＿＿＿＿＿＿＿ 2) ＿＿＿＿＿＿＿ 3) ＿＿＿＿＿＿＿

4) ＿＿＿＿＿＿＿ 5) ＿＿＿＿＿＿＿

答　1)→D)／2)→C)／3)→E)／4)→B)／5)→A)

Track 077

訳：私のお父さんはよく、私は話を聞かないと言う。ある程度は正しいが、それは自分の楽しみに没頭しているときだけのことだ。昨日、父さんが、夕飯ができたと私を呼んだとき、私はゲームをしていた。「わかったよ、父さん！」と私は大きな声で言った。私は夕飯のことを忘れてしまっていたに違いない。お父さんが階段を上

がってきて、夕飯が冷めてしまったと言いに来たけれど、その後30分もゲームを
し続けていたからだ。急いで下に降りていったとき、私の夕飯はどこにもなかった。
「私の夕飯はどうしたの？」と私は叫んだ。「犬にやってしまったよ」と父さんは言っ
た。本当に、犬が私の夕飯を食べていた！　そして、父さんは私をガミガミ叱った。
なぜ大人はこんなに怒るんだろう？　自分も昔は子どもだったということを覚えて
いないのだろうか。

- ☐ **A)** 大人
- ☐ **B)** 叱責
- ☐ **C)** 忘れてしまったに違いない
- ☐ **D)** ある程度
- ☐ **E)** どこにも見当たらない

Part 3

　パート3では、パート2で扱ったトピックについて、試験官から質問されます。質問は、受験者の応答によって変わってきます。たとえば、受験者が簡単な返答をしたら、質問も簡単なもの、内容の込んだ返答をしたら、質問も難しくなる、といった感じです。しかし、やさしめの質問であってもPart 1の質問と比べると抽象的で幅広い内容となるので、よく考える必要があります。

　では、さっそく以下の質問に答えてみましょう。

Sample Questions　Track 078

1. First, let's talk about helping people. In your culture, how do children learn to help people?
2. Do you think it's our responsibility to always help people in need?
3. Do you think it is more important to help people in your own country or people in other countries?
4. Which areas do you think are most popular when giving to charities?
5. Do you think individuals should donate to charities, or should that be the responsibility of the government?
6. What kind of problems do charities face when trying to help developing countries? What can be done to combat them?

解答解説

　質問は決まったパターンとなる場合がほとんどです。受験者が住む国の文化や、子ども、高齢者、一般的な家族についてなどです。たとえば次のような質問が出されます。

Sample Questions　Track 079

▶ What games do children like to play in your culture?

（あなたの文化において、子供はどんな遊びが好きですか）

- What do parents have to teach children before they go to school?
  （親は、学校に入る前の子どもに、どんなことを教えなければいけませんか）
- How do children learn to read and write in your culture?
  （あなたの文化において、子どもはどのように読み書きを覚えますか）
- In your culture, is it important for families to have breakfast together?
  （あなたの文化において、家族がそろって朝食をとることは大切なことですか）
- What do families do together during festivals in your country?
  （あなたの国では、お祭りの間、家族は集まって一緒に過ごしますか）
- In your culture, who usually makes the decisions for the family?
  （あなたの文化において、誰が家族に関する物事を決めますか）
- In your country, do the elderly prefer to live in the city or the countryside?
  （あなたの国では、高齢者は街と田舎とどちらに住む方を好みますか）
- In your culture, who looks after the elderly?
  （あなたの文化において、誰が高齢者の面倒を見ますか）
- In your country, what sort of activities do the elderly enjoy?
  （あなたの国では、高齢者はどのような活動を楽しんでいますか）

また質問では、過去および未来についても問われます。

Sample Questions Track ●080

- What was education/technology/transportation like in the past?
  （過去において、教育／科学技術／交通機関は、どのようなものでしたか）
- What jobs did people do in the past?
  （過去において、人々はどのような仕事に就いていましたか）
- What kinds of people became famous in the past?
  （過去において、どのような人が有名になりましたか）
- What do you think computers will be like in the future?
  （未来では、コンピューターはどのようなものになっていると思いますか）
- What will libraries be like in the future?
  （未来では、図書館はどうなっていますか）
- Do you think people will still work hard in the future?
  （未来でも、人は一生懸命に働いていると思いますか）

では、前の Part 2 で扱ったトピックをもとにした Part 3 の質問を見ていきましょう。

1 First, let's talk about helping people. In your culture, how do children learn to help people?

（まず、人を助けることについて話していきましょう。あなたの文化において、子どもは人を助けることをどのように学んでいきますか）

Sample Answers **1**　Track◎081

> They see their parents helping other people and copy them. Elementary schools also teach kids about the importance of sharing what they have, so they learn that way, too.
>
> （子どもは、他の人を助ける自分の両親を見て、そのまねをします。また、小学校では自分が持っているものを分け与えることの大切さを教えます。そこでも子どもは行動の仕方を学びます）

> They learn by doing. Elementary school students might visit an old person to help them as part of a school project. This way, they can understand how important it is to help other people.
>
> （子どもたちは実践しながら学んでいます。小学生は、学校のプロジェクトの一環として、お年寄りを訪ねて手助けをしています。こうして、子どもたちは他者を助けることがいかに大切かを学ぶことができます）

　レベルアップ表現に挑戦！

Sample Answer　Track◎082

> In Japan, kids help with school lunches, clean up the classroom, and do all kinds of things around the school. They learn that they have to cooperate for *the common good* and develop an *altruistic* spirit that will help them in their later life.
>
> （日本では、子どもたちは、学校の給食配膳の手伝いや教室の掃除、そして学校でのあらゆる種類の物事を自分たちで行います。子どもたちは全員の利益のために協力しなければならないことを学び、利他的な精神を発達させます。そのことが、彼らののちの人生の役に立つのです）

役に立つ語句・表現

☐ **the common good**　集団や国全体の利益・公益

☐ **altruistic**　利他（主義）的な

2 **Do you think it's our responsibility to always help people in need?**
（常に困っている人を助けることはわれわれの責任だと思いますか）

Sample Answers **2**　Track ● 083

▷ It would be great if we could help people in need all the time, but that's just not possible. When I walk from home to the station every morning, I pass by people who are collecting for charity. Some want money to build a school in Cambodia, others to train guide dogs to help the blind. I can't help everybody, so I have to pick and choose.

（どんなときでも誰かを助けることができたら素晴らしいとは思いますが、それは不可能なことです。毎朝、私は歩いて駅に向かいますが、そのとき募金を集めている人の横を通ります。ある人は、カンボジアに学校を作る資金を、ある人は視覚障害者を助けるために盲導犬の訓練のための資金を必要としています。すべての人を助けることはできないので、念入りに選ばなければなりません）

▷ I think we should try to help others whenever we can. Who knows when we might be in trouble ourselves? In the parks around Tokyo you can see homeless people living in cardboard boxes. Some of those people used to have jobs and live responsible lives. One day we might be living in a cardboard box ourselves, so helping others is like helping ourselves.

（私たちは可能なときはいつも、他者を助けるよう努力すべきだと思います。いつ、自分が困難な状況に陥るかわかりません。東京周辺の公園では、段ボールの中で暮らしているホームレスがいます。彼らの中には仕事を持ち、責任のある地位を持っていた人もいます。いつか、私たちも段ボールの中で暮らす日が来るかもしれません。したがって、他者を助けるということは自分たちを助けることと言えます）

レベルアップ表現に挑戦！

Sample Answer Track ● 084

▷ As a society, we have to help those most in need. Otherwise, we will be in danger of creating an *underclass*, and our inaction may *come back to haunt us* one day.

（社会として、私たちは最も困った状況にいる人を助けなければいけません。そうしないと、下層階級を作り出す危険に陥ってしまうかもしれません。また、何も行動しないということが、いつか自分に返ってくるかもしれません）

役に立つ語句・表現

□ **underclass**　下層階級

□ **come back to haunt someone**　（よくないことが）降りかかる

---

3 Do you think it is more important to help people in your own country or people in other countries?

（自分の国にいる人を助ける方が大切だと思いますか、あるいは他国にいる人を助ける方が大切だと思いますか）

Sample Answers 3　Track ● 085

▷ I think it's important to sort out the problems in our own country before we think about helping people in other countries. A country that has a large number of unemployed or homeless people needs to focus on that as a priority.

（他国の人のことを考える前に、自国の問題を解釈することが大切だと思います。無職の人やホームレスが多くいる国は、そのことを最優先に力を注ぐべきです）

▷ On the whole, people in my country are quite lucky. Most of us have a job, and the welfare system is well-developed. I think we should use our money to help other countries. In so many countries people are starving, and we can do something about that.

（一般的に言って、私の国に住んでいる人はとても幸運です。ほとんどの人が仕事を持っていますし、福祉制度も充実しています。私は、他の国を助けることにお金を使

うべきだと思います。多くの国で、人々は飢えています。その問題に対して私たちは何かできるはずです）

Sample Answer Track ● 086

▷ There is a saying that *charity begins at home*. If we ignore the problems *on our own doorstep* to help people far away, that is a kind of cruelty. Aid given to foreign countries can *go astray*. Sometimes it goes to *line the pockets* of corrupt government ministers or build palaces for dictators. By spending money closer to home we can be sure it is spent well, so we should prioritise giving to our own country first.

（「慈愛は家庭から始まる（他のことを考えるより、自分の身の回りに気を配らなければならない）」ということわざがあります。はるか遠くの他人を助ける前に、自分の身近な問題を無視してしまうと、それはある意味、無慈悲となります。他国を支援するということは、行きすぎとなる可能性があります。ときには腐敗した政府が不正に利益を得たり、独裁者のための城を作ったり、ということを招くことになります。もっと身近なことにお金を使えば、有効に活用することができます。したがって、私たちは自分の国を最優先にすべきです）

┌── 役に立つ語句・表現

☐ **charity begins at home**　慈愛は家族から始まる
☐ **on our own doorstep**　自分の身近な場所
☐ **go astray**　正しい道から逸れる、行方不明になる
☐ **line the pockets**　不正な方法でお金を得る

4 Which areas do you think are most popular when giving to charities?
（寄付をすることを考える際、どの分野が最も一般的だと思いますか）

Sample Answers 4 Track ● 087

▷ People tend to give money to help poor people and to cure medical problems such as infectious diseases. For example, the former Microsoft CEO Bill

Gates runs a charity that aims to wipe out malaria.

（人は貧しい人を助けたり、感染症といった医療の問題を解決するためのお金を寄付
する傾向があります。たとえば、マイクロソフトの前CEOのビル・ゲイツはマラリ
アを撲滅するための基金を運営しています）

▷ In my town, people often give money to save wildlife. I happen to live near an
owl sanctuary set up to look after injured owls.

（私の街では、人はしばしば野生動物を守るためにお金を寄付しています。私はたま
たま、怪我をしたフクロウの世話をするために作られたフクロウの保護区域に住んで
います）

┌ レベルアップ表現に挑戦！

Sample Answer　Track 088

▷ People tend to give to *causes* that *tug at the heartstrings*, such as children in
need or endangered animals. *Conversely*, we often overlook important areas
that need money but are not interesting, such as saving old buildings.

（人は心情的に訴える目的に対して寄付をする傾向にあります。たとえば、助けを必
要としている子どもたちや絶滅危惧種の動物などです。逆に言うと、私たちはそれほ
ど面白味はないが、資金を必要としている分野の重要性を見逃しがちです。古い建物
の保護といったものです）

┌ 役に立つ語句・表現

☐ **cause**　目的や方針

☐ **tug at the heartstrings**　琴線に触れる／感情に訴える

☐ **conversely**　逆に言うと

5 **Do you think individuals should donate to charities, or should that be
the responsibility of the government?**

（個人が寄付を行うべきと思いますか、または寄付を行うことは国の責任だと思い
ますか）

Sample Answers 5 Track ● 089

▷ I don't think we need to give anything. The government uses our tax money for welfare and to help other countries, so that should be enough.

（私たちが寄付すべきだとは思いません。国がわれわれの税金を使って福祉を行い、また他の国を援助しているので、それで十分です）

▷ I think we should choose ourselves whether to donate or not. I don't pay taxes to the government so that it can just give it away. That decision should be mine alone.

（われわれは自分で寄付をするかしないかを決めるべきだと思います。私は政府が寄付を行うために税金を支払っているわけではありません。寄付するかどうかは私だけの判断であるべきです）

レベルアップ表現に挑戦！

Sample Answer Track ● 090

▷ The government has a duty to create a *safety net* for its citizens by providing a good healthcare and welfare system, but beyond that, we should be free to choose how we spend our *hard-earned cash*. We don't need the government helping us to spend it!

（国は、国民のためにセーフティーネットを作り、よい医療制度や福祉制度を市民に提供する義務があります。しかしそれ以上に、生活のために懸命に働いて稼いだお金をどう使うかは、個人が自由に選択できるべきです。どうお金を使うかについて国に口出しされる必要はありません！）

役に立つ語句・表現

☐ **safety net**　安全策（苦しい状況に陥った人を助ける制度）
☐ **hard-earned cash**　懸命に働いて稼いだお金

6 **What kind of problems do charities face when trying to help developing countries? What can be done to combat them?**

（発展途上国を支援する際に、慈善団体が直面する問題とはどのようなものがありますか。その問題を解決するには、どうすればよいですか）

Sample Answers 6　Track◉091

▷ I read that in countries like Somalia, the charity organisations have to pay money for security. Sometimes that involves hiring people with guns to ride around in trucks protecting the charity workers, and the charity organisations compete with each other to get the services of the gunmen. I think the charities need to stop doing this and to work together instead.

（ソマリアのような国では、慈善団体は安全確保のためにお金を使わなければならない、ということを読んだことがあります。ときには、銃を持つ人を雇いトラックに乗せ、慈善団体で働く人を守ってもらうことがあります。銃携帯者による警備を備えるために、慈善団体同士が張り合うこともあります。そういうことはせずに、ともに協力して働くことが必要だと思います）

▷ They have to liaise with the governments of various countries that often have corrupt officials. Sometimes the officials may ask for bribes. To combat this, there should be a strict code of conduct that all the aid organisations have to follow.

（慈善団体は、堕落した役人がいることが多いさまざまな国の政府と連携しなければなりません。ときには、役人が賄賂を要求することもあります。これに対抗するためには、厳しい行動規範が必要であり、すべての救援団体がこれに従うことが求められます）

┌─ レベルアップ表現に挑戦！

Sample Answer　Track◉092

▷ Charities face *a host of* problems, from the *logistical headaches* of transporting medicines and personnel over large areas to the problems of communicating in different languages. I think charities need to hire *local talent* wherever possible so that they can easily adjust to the cultural climate of each country.

（慈善団体は多くの問題に直面します。それは、医薬品や人員を幅広い地域に送るという輸送の問題から、さまざまな言語を介するコミュニケーションの問題まであります。どこの場所でも地域にいる有能な人材を雇うことが必要だと思います。そうすれば各国の文化的風土にすぐに適応することができます）

- [ ] **a host of**　多数の
- [ ] **logistical**　輸送上の
- [ ] **headaches**　問題
- [ ] **local talent**　地元に住む能力がある人材

Language Activity

次の単語・イディオムの意味を選択肢 A)～C) から選びなさい。

1) altruism

A) respecting the elderly people in a community

B) choosing a course of action from two alternatives

C) helping other people with no expectation of reward

2) underclass

A) a financially disadvantaged section of society

B) a class taken in preparation for university

C) a lesson taught by a beginner teacher

3) on our own doorstep

A) close to where we are

B) on the step outside the front door

C) approximately 100 meters from our home

4) go astray

A) make bad errors on a test

B) go missing or develop bad behaviour

C) arrange items carefully on a tray

5) cause

A) a course of lessons at a university

B) an abbreviation of 'of course.'

C) a morally good objective to work towards

1) _____   2) _____   3) _____

4) _____   5) _____

答 1)→C)／2)→A)／3)→A)／4)→B)／5)→C)

1)

□ **A)** 地域にいる高齢者を尊敬する

□ **B)** 2つの選択肢から行動を選ぶ

□ **C)** 利益を期待せずに他者を助ける

2)

□ **A)** 社会において経済的に不利な階層

□ **B)** 大学に入るための準備クラス

□ **C)** 新米の先生が教える授業

3)

□ **A)** 自分がいる場から近い

□ **B)** 正面玄関から外に出る階段の上

□ **C)** 自宅から約100メートル離れた場所

4)

□ **A)** テストでひどい間違いをする

□ **B)** 行き先がわからない、または悪い振る舞いにつながる

□ **C)** トレーの上に注意深く商品を並べる

5)

□ **A)** 大学での授業課程

□ **B)** of courseの略語

□ **C)** 道徳的に望ましい目標で、達成のために尽力される

Language Activity

1)～6) の空欄に A)～F) の表現を入れなさい。

　Under the present education system, parents have to part with their 1)____ cash to pay for their children to go to 'cram schools.' This creates a big financial 2)____ for the parents, and there are often 3)____ problems in getting the kids to the cram schools in the evenings. Parents may have spent years saving money to provide themselves with a 4)____ when they retire, and sending kids to cram school will reduce the parents' savings. Kids who go to cram school often succeed, and 5)____, those who don't often fail to get into a good high school or university. Thus success or failure for the children depends on the parents' incomes, and this is creating 6)____ problems for the country, including a widening gap between 'haves' and 'have-nots.'

A) **conversely**
B) **safety net**
C) **hard-earned**
D) **a host of**
E) **logistical**
F) **headache**

答　1)→C)／2)→F)／3)→E)／4)→B)／5)→A)／6)→D)

Track 093

訳：現在の教育システムにおいて、親たちは苦労して稼いだお金を子どもの「塾」通いのために使わなければならない。このことは親たちにとって大きな経済的問題となっている。また、夕方に子どもを塾に連れていくという送迎の問題が存在する。かつて親たちは仕事を辞めた際に、セーフティーネット［救済システム］と合わせて使うためのお金を貯蓄していたかもしれない。子どもに塾に通わせることで、親は貯金を削ることになる。塾に通う子どもたちは大体成功する。逆に言うと、ほぼ失敗なくよい高校や大学に入ることができる。つまり、子どもが成功するか失敗す

るかは親の収入にかかっており、そのことは、「持てる者」と「持たざる者」の格差拡大など、たくさんの問題を生んでいる。

第2章
スピーキングセクション問題演習

Exercise 01 Part 1 ················ 90
　解答解説 ························· 92
Exercise 02 Part 2 ················ 112
　解答解説 ························· 113
Exercise 03 Part 3 ················ 119
　解答解説 ························· 120
Exercise 04 Part 1 ················ 132
　解答解説 ························· 134
Exercise 05 Part 2 ················ 154
　解答解説 ························· 155
Exercise 06 Part 3 ················ 162
　解答解説 ························· 164

Exercise 07 Part 1 ················ 175
　解答解説 ························· 176
Exercise 08 Part 2 ················ 194
　解答解説 ························· 195
Exercise 09 Part 3 ················ 202
　解答解説 ························· 204
Exercise 10 Part 1 ················ 215
　解答解説 ························· 216
Exercise 11 Part 2 ················ 235
　解答解説 ························· 236
Exercise 12 Part 3 ················ 243
　解答解説 ························· 244

Track 094

Health

- What do you do to stay healthy?
- Do you think regular exercise is important?
- What is one of your unhealthy habits?
- Who is the healthiest person you know?

Shopping

- How often do you go shopping?
- What is the best time of day to go shopping?
- Do you ever buy things on the Internet?
- Which do you prefer, local shops or big shopping malls?

NO TEST MATERIAL ON THIS PAGE

　ここからは、IELTSで出題されやすいトピックを扱いながら、テストの流れを見ていきます。各問題には解答例だけではなく、解説も付いています。すべての質問に自分の力で答えを出してから、解説を読んでください。

　問題に目を通す際も、解答例をすぐに見るのではなく、自分ならどう答えるか考えましょう。こうすることですばやく答えを出す瞬発力を鍛えることができます。解答例を確認した後は、実際に声に出して読んでみましょう。Language Activity は語彙力を鍛えるのに役立つように作られていますので、ぜひ取り組んでみてください。

Health　健康

┌─ 頻出単語

Food　食べ物

　　nutritious（栄養がある）／※healthy（健康によい）／unhealthy（健康によくない）／junk（ジャンクフード）／fatty（油っこい）／salty（しょっぱい）／sweet（甘い）／high in cholesterol（コレステロールの多い）

　　※注：being healthy（健康である）ということと being fit（元気である）ということは別のものととらえます。being fit は、体力がみなぎっている状態を指します（たとえば、5キロ走っても疲れないほど）。being healthy は全体的に体が健康で安定していることです。

Exercise　運動

　　mild（軽い）／gentle（ゆるやかな）／moderate（適度の）／strenuous（激しい）／regular（定期的な）

Stress　ストレス

　　severe（過酷な）／constant（絶え間なく続く）／high-stress job（ストレスの

多い仕事）／low-stress job（ストレスが少ない仕事）／chill out（一息入れる）／relax（リラックスする）／balance（バランスを保つ）／under pressure（プレッシャーの下で）

- **What do you do to stay healthy?**
（健康を保つために、何をしていますか）

Sample Answers Track ⊙095

▷ I try to exercise, eat good food, and get plenty of sleep. I also avoid arguments and other stressful situations.
（運動し、いい食事をして、十分な睡眠をとるように心がけています。また、人と口論することやその他のストレスが多い状態を避けています）

▷ I like to run. Most evenings I run five kilometres after I get home. I've joined a jogging club, and we all encourage each other.
（走ることが好きです。ほぼ毎晩、家に帰った後、5キロ走っています。ジョギングクラブに入っているので、私たちはお互いに励まし合っています）

▷ I don't do anything! I know I should, and I feel guilty about it, but I have a busy schedule and don't really have time to think about my health.
（何もしていません！　しなければいけないことはわかっているので、うしろめたさを感じていますが、スケジュールが忙しく、自分の健康を考える時間が本当にないのです）

▷ I just keep healthy the natural way, by walking to and from the station and stretching occasionally.
（健康的で自然な習慣を続けているだけです。駅の行き帰りを歩いていますし、ときどきストレッチをしています）

解説

　1番目の答えは、複数の方法を立て続けに挙げています。その一方、2番目は、体力を保つ方法を1つ（走る）に絞って、詳しい話を加えています。3番目は、運動をしないわけを説明してから、不健康なライフスタイルに対する話し手の個人的な感情を述べています。4番目は日常的な行動から具体例を挙げています。

Sample Answers Track 096

▷ I don't *overeat*, don't overdrink, and do some exercise. As the saying goes, '*All things in moderation*'. Basically, it's best not to *overdo* it.

（私は食べすぎませんし、飲みすぎません。そしていくらか運動もしています。「何事もほどほどにしておくのがよい」という格言があります。基本的に、やりすぎないことが一番いいのです）

▷ I follow the saying, '*Early to bed, early to rise, makes us healthy, wealthy and wise*'. I go to bed early, but I can't say I'm wealthy or wise!

（「早寝早起きをすれば大きな利益が得られる［健康でお金持ちで賢くなれる］」という言い習わしに従って、早く寝ています。でも自分がお金持ちで賢いとは言えません！）

役に立つ語句・表現

- ☐ **overeat**　食べすぎる
- ☐ **overdo**　物事をやりすぎる
- ☐ **all things in moderation**　何事もやりすぎるな（ほどほどにしておくのがよい）
- ☐ **Early to bed, early to rise, makes us healthy, wealthy and wise**　健康的な睡眠習慣を持てば、大きな利益が得られる（直訳：早寝早起きをすれば、健康で裕福で賢くなれる）

・**Do you think regular exercise is important?**

（定期的な運動は大切だと思いますか）

Sample Answers Track 097

▷ Absolutely. If you don't exercise, you get less and less energetic. In Japan, people are very busy and it's difficult to find time to exercise, but once you stop exercising, it's difficult to start again.

（そのとおりです。もし運動しなかったら、どんどん元気がなくなってしまいます。日本では、人はとても忙しく、運動をする時間を見つけることが難しいです。しかし、一度運動するのをやめてしまえば、再開することは難しくなります）

> Of course. You need to exercise in order to reduce stress and regulate your bodily functions.
（もちろんです。ストレスを減らし、身体の機能を整えるために、運動をする必要があります）

> Yes, I do. You don't have to do too much, but moderate exercise on a regular basis is the key to staying healthy.
（はい、そう思います。たくさんやる必要はありませんが、定期的に適度な運動をすることは健康を維持するカギだと思います）

> Not necessarily. As long as you eat properly and sleep well you can stay healthy whether you exercise or not.
（必要はないと思います。しっかり食べてよく睡眠をとっていれば、運動してもしなくても、健康を維持できます）

解説

1番目の答えは、'if you don't' や 'once you...' という、何かをしないことの結果を示す表現を使いながら、考えを筋道立てて述べています。2番目は、運動が重要である理由を2つ挙げています。3番目はどれくらいの運動が必要かということを明確にしています。4番目は、運動が重要でないと言える条件を示すものとなっています。

運動が役立つかどうかという状況を示すのに使える文章表現に注目しましょう。便利な表現を挙げてみます。

Track 098

> If you don't exercise, you get fat.
（運動をしなければ太ります）

> Once you stop, it's difficult to start again.
（一度やめてしまうと、再開するのは難しいです）

> You don't have to exercise, but it is a good idea.
（運動をする必要はないですが、運動すること自体はいいことです）

> As long as you exercise for an hour a day, you can stay healthy.
（1日1時間運動をしていれば、健康を維持できます）

Sample Answers Track 099

▶ Forgetting to exercise is the *slippery slope*. Once you *let yourself go*, it's difficult to climb back to where you were before.

（運動するのを忘れることは、悪い結果につながっています。一度、健康を保つことをあきらめてしまうと、かつての自分に戻ることができなくなります）

▶ Yes, it is, but you don't have to do *strenuous* exercise. The key is to find a balance between fitness, nutrition, and general *well-being*.

（はい、そうです。でも、激しい運動をする必要はありません。大切なのは、適応、栄養、全体的な生活のバランスを取ることです）

□ **slippery slope**　転落の道、悪循環のきっかけ

□ **let yourself go**　元気で健康で居続けることをあきらめる

例：She's let herself go, and now she looks much older than her actual age.

（彼女は健康でいることをあきらめてしまい、今では実際の歳よりもずっと年を取って見える）

□ **strenuous**　激しい、きつい

□ **well-being**　健康、幸福

• **What is one of your unhealthy habits?**

（あなたの不健康な習慣の一例は何ですか）

Sample Answers Track 100

▶ I tend to snack on crisps and rice crackers. I know you're not supposed to eat between meals, but it's part of my routine now and I can't stop.

（私はよくポテトチップスやお煎餅を間食しています。間食することはよくないとわかっていますが、今では日常の一部になっていて、止められません）

▶ I'm a smoker. It's a habit that's hard to break. I've cut down recently but it's difficult. You could say that I'm addicted.

（私は喫煙者です。習慣なので止めるのは大変です。最近量を減らしましたが、難し

いです。中毒になっていると言えます）

▷ I find that at weekends I don't get as much sleep as I should. I go out with friends or stay up late watching TV.
（平日は十分に寝ていないと思います。友達と出歩いたり、遅くまでテレビを見ています）

▷ I play video games for around five hours a day. Sometimes I get dizzy, and I think it's damaging my eyesight.
（一日5時間くらい、ゲームをしています。ときどき、めまいがするので、ゲームで目を傷めていると思います）

解説

　1番目の答えでは、習慣を示すのによく用いられる 'tend to' の表現が使われています。1番目・2番目は両方とも、習慣（間食・喫煙）が悪いものだということを認めています。3番目は習慣そのものだけでなく、そうなっている理由も述べています。4番目は習慣とその影響を示しています。

レベルアップ表現に挑戦！

Sample Answers Track 101

▷ I'm a *chocaholic*! Chocolate gives me energy, and I have some before each class so I don't get sleepy. I know I shouldn't eat so much but I *can't help it*.
（私はチョコレート中毒です！　チョコレートを食べると元気になります。各授業の前に食べているので、眠くなりません。食べすぎはよくないとわかっていますが、止められないのです）

▷ I'm a *worrier*. I worry about my grades and relationships. I think that I'm *highly strung* by nature.
（私は心配性です。成績や人間関係について心配しています。もともと神経質なのだと思います）

役に立つ語句・表現

□ **chocaholic**　チョコレート中毒の人（類似表現は、alcoholic［アルコール中毒］・

workaholic〔仕事中毒〕など）

□ **can't help (doing) 〜**　〜せざるをえない

□ **worrier**　いつも心配事がある人

□ **highly strung**　非常に神経質な

・ **Who is the healthiest person you know?**

（あなたが知っている中で、一番健康な人は誰ですか）

Sample Answers　Track ● 102

▷ Most of my friends are pretty healthy, so it's difficult to say. Perhaps my sister is the healthiest. She does all the right things including getting up early, eating well and exercising.

（私の友人のほとんどはとても健康なので、誰と言うことは難しいです。おそらく私の姉が一番健康です。彼女は、早起き、よい食事、運動など望ましいことをすべてやっています）

▷ That would be me! I never seem to get sick even when people around me get the flu. I'm just lucky, I guess.

（おそらく私です！　周りの人がインフルエンザにかかったときでも、私が病気になることは決してないように思います。ただラッキーなだけだとは思いますが）

▷ My friend Jane gets up at five a.m. and goes to bed at nine in the evening. They say that every hour before midnight is worth two afterwards, so she must be pretty healthy.

（私の友人ジェーンは朝5時に起きて夜9時に寝ます。深夜前の1時間は深夜後の2時間の価値がある、と言われているので、彼女はとても健康に違いありません）

▷ Actually, all the people around me are stressed out with exams so this is difficult to answer. My parents are pretty relaxed and never need to go to hospital. I guess one of them must be the healthiest person I know.

（実のところ、私の周りの人はみんなテストでストレスがたまっているので、答えるのが難しいです。私の両親はとてもくつろいでいて、病院に行く必要はまったくありません。両親のうちどちらかが、私が知る最も健康な人だと思います）

解説

　1番目の答えは、一般的なコメントをして考える時間を稼いでから、具体的に人（姉）を挙げ、行動について3つの例を挙げています。2番目は具体的に誰か（自分）を言ってから、どのような状況かを説明しています。3番目は、友人が健康だと言える理由を示した後、その生活習慣から連想される言い習わしを挙げています。4番目は、誰が最も健康かを決める前に、周りの人について大まかなコメントをしながら、考える時間を作っています。

レベルアップ表現に挑戦！

Sample Answers　Track ●103

▷ My friend Kanae is very careful not to get sick. She's always up-to-date on her *flu shots* and she never feels sick, even when everyone else is *dropping like flies*. During last year's flu epidemic she was just fine.
（私の友人カナエは病気にならないように、とても気をつけています。いつも予定通りにインフルエンザの予防注射をして、他のみんながバタバタと病気になるときでも、彼女は決して調子を崩したりしません。去年インフルエンザが流行していた間も、彼女は元気でした）

▷ My father is a *health freak*. He *hits the gym* three times a week and jogs to and from work. I feel guilty just looking at him!
（私の父は、健康オタクです。彼はジムに週3回通い、仕事の行き帰りはジョギングをしています。彼を見ているだけで私は罪悪感を覚えます！）

役に立つ語句・表現

☐ **flu shots**　インフルエンザの予防注射
☐ **drop like flies**　次々と倒れる
☐ **health freak**　健康マニア
☐ **hit the gym**　ジムに行って運動する

A)～J) の表現の意味を、それぞれ 1)～10) から選んで、空所に記入しなさい。

A) overdo

B) strenuous

C) well-being

D) all things in moderation

E) highly strung

F) shots

G) dropping like flies

H) health freak

I) hit the gym

J) early to bed, early to rise, makes us healthy, wealthy and wise

1) work out at a sports facility

2) quickly become ill in large numbers

3) do too much

4) vigorous, requiring physical effort

5) injections

6) don't overdo anything

7) having a nervous character

8) good sleeping habits have big benefits

9) someone who obsesses about health

10) a good condition of existence with health, happiness & prosperity

A) _____   B) _____   C) _____

D) _____   E) _____   F) _____

G) _____   H) _____   I) _____

J) _____

答 A)→3) ／ B)→4) ／ C)→10) ／ D→6) ／ E)→7) ／ F)→5) ／ G)→2) ／ H)→9) ／ I)→1) ／ J)→8)

☐ 1) 運動施設で運動する

☐ 2) 急に多くの人が病気になる

☐ 3) 過度にやりすぎる

☐ 4) 激しい、体力を必要とする

☐ 5) 注射

☐ 6) 何事もやりすぎるな

☐ 7) 神経質な性格を持つ

□ **8)** よい睡眠習慣は大きな恩恵をもたらす

□ **9)** 健康に取りつかれている人

□ **10)** 健康や幸福、繁栄においていい状態であること

1)~8) の空欄に A)~J) の表現を入れなさい。

I used to be a 1)____. I would 2)____ every evening and then go home and do 3)____ exercise on the mat. I would always be in bed by 8.30, because I believed that 4)____. I took all the shots and was always healthy, even when those around me were 5)____. I was fit, but I came to realize that I did not have a sense of 6)____. My obsession with health was making me 7)____. These days, I relax more. I believe that we should do 8)____. These days, I am no longer so obsessed, and am much happier.

1) _____ 2) _____ 3) _____

4) _____ 5) _____ 6) _____

7) _____ 8) _____

答 1)→H) ／ 2)→I) ／ 3)→B) ／ 4)→J) ／ 5)→G) ／ 6)→C) ／ 7)→E) ／ 8)→D)

Track 104

訳：私はかつて、健康オタクでした。毎日ジムに行って運動し、家に帰ってからマットの上で激しい運動をしていました。いつも8時30分までには寝ていました、なぜならよい睡眠習慣は有益だと信じていたからです。予防接種をすべて受けていて、周りの人がバタバタと病気になったときでも、私は健康でした。しかし、元気ではあったけれど、次第にいい状態ではないと気が付いたのです。健康にこだわっているせいで、私は神経質になっていました。最近は、私は以前よりリラックスしています。何事もやりすぎてはいけないと思います。近頃は、もうこだわっていないし、前よりずっと幸せです。

Shopping　買い物

Shops　店
small（小さい）／specialised（専門的な）／friendly（親しみやすい）／local
（地元の）

Malls　ショッピングセンター
huge（巨大な）／impersonal（人間味のない）／convenient（便利な）／one-
stop shopping（ワンストップショッピング：いろいろな物が一か所のところで買
える）

Price　値段
cheap（安い）／reasonable（手頃な）／dear（高い）／expensive（高価な）／
pricey（[口語で] 高価な）

Selection　品揃え
a wide/narrow range（幅が広い／狭い）／high-quality（品質が高い）／low-
quality（品質が低い）／interesting（興味を引き起こす）／dull（面白くない）

・**How often do you go shopping?**
（どれくらいの頻度で買い物に行きますか）

Sample Answers　Track 105

▷ About once a week on average. I'm only free at weekends so I usually spend
some time shopping either on Saturday or Sunday.
（平均すると、大体週に1回です。週末しか暇がないので、いつも土曜日か日曜日のど
ちらか、買い物に時間を使っています）

▷ Most days. I usually call in at the local supermarket after work to get some
daily essentials like eggs and natto, which is fermented beans.
（ほぼ毎日、仕事が終わったら地元のスーパーに寄って、卵や納豆のような生活必需

品を買っています。納豆は発酵させた豆のことです）

▷ About twice a week. I usually do a big shop on Wednesday and Saturday in the local store. I'm too busy to go more often.

（大体週に２回です。水曜日と土曜日に地元のお店で大量に買います。とても忙しいので、それ以上は行けません）

▷ I rarely go shopping. In fact I don't think I've been for about a month now. My parents do all the shopping for me.

（買い物にはほとんど行きません。実際、今のところ一か月間くらいは行っていないと思います。私のための買い物はすべて両親がやってくれています）

┌─ 役に立つ語句・表現

頻度を表す表現

all the time（いつも）→ quite/fairly often（よく／しばしば）→ three times/twice/once a week（週に３回／２回／１回）→ sometimes/occasionally（ときどき／たまに）→ rarely/seldom（あまり／ほとんど）→never（まったく）

┌─ 解説

どの答えも、簡潔にどれくらいの頻度なのかを答え、その後どんな買い物をしているか、具体的な説明を加えています。

┌─ レベルアップ表現に挑戦！

Sample Answer Track● 106

▷ As often as I can! I'm a bit of a *shopaholic*, though because I'm a poor student, I mostly go window-shopping. I find that *retail therapy* just washes all my troubles away!

（できるだけ多く行きます！　私は軽い買い物中毒ですが、貧乏学生なのでたいていはウィンドーショッピングに行きます。買い物セラピーは私の悩みをすべて解決してくれると思います！）

▷ I *avoid shopping like the plague*! I don't think I've been for about *two months now*.

（買い物は、絶対にしないように避けています！　今、2か月は行っていないと思います）

┌─ 役に立つ語句・表現

□ **shopaholic**　買い物中毒の

□ **retail therapy**　買い物療法（ユーモアで使われている）

□ **avoid (something) like the plague**　〜を忌み嫌う

□ **two months now**　…から2か月経っている

- **What is the best time of day to go shopping?**
  （一日の中で、買い物に最適な時間はいつですか）

Sample Answers　Track ● 107

▷ I like to call in at the convenience store before I go to work. That would be around eight o'clock in the morning.
（仕事に行く前にコンビニエンスストアに寄るのがよいです。大体朝の8時頃です）

▷ Mornings are best. I've got a lot of energy in the mornings, but in the afternoons I often feel sleepy.
（朝が一番です。午前中が一番元気がいいのですが、午後はしばしば眠たいです）

▷ I prefer shopping at lunchtimes. I have one hour's break between classes/at work and I like to use it effectively.
（ランチタイムに買い物をするのが好きです。授業／仕事の間に1時間休みがあるので、その時間を有効に使うのがよいです）

▷ For me, evening is the best time. I have time to spare and can relax. I don't like to be rushed while shopping.
（私の場合、夕方が一番いい時間帯です。時間が取れてリラックスできます。買い物をしている間は、急ぎたくないです）

┌─ 役に立つ語句・表現

1日の時間の表現

morning/afternoon/evening/night

午前／午後／夕方／夜

注：午前／午後／夕方は 'in the morning/afternoon/evening' と表現しますが、
夜は at night とします。

解説

どの答えも、最初に買い物をするのに最適な時間を答えています。その後に続けて、実際に話し手が行っていること、あるいは、その時間帯に買い物をしている理由を述べています。

注：'like to do' と 'like doing' は、意味が違います。like to do は、特定の状況において人にとってよい、利点があるという意味を表しています（ここ［下線部］では、スケジュールにおいて有益だということ）。

次の文と比べてみましょう。

I like to study English for an hour a day. = It benefits me to study English for an hour each day.

（1日1時間英語を勉強するのは私にとって有益である）

I like studying English. = I enjoy studying English.

（私は英語の勉強をするのが好きだ）

レベルアップ表現に挑戦！

Sample Answers Track 108

▷ I like to do it either *first thing in the morning* or *last thing at night*. That way it doesn't *interfere with* the rest of my day.

（朝一番、あるいは夜最後にするのがよいです。そうすれば、買い物が他の時間を妨げることはありません）

▷ I don't have a *set time* for shopping. I buy what I need when I need it. That doesn't mean to say I don't care about the cost; I'm a pretty good *bargain hunter*.

（買い物する時間は決めていません。必要なものを必要なときに買っています。そういっても、値段を気にしていないわけではありません。私はかなりの買い物上手です）

☐ **first thing in the morning/last thing at night** 朝一番に／夜最後に

☐ **interfere with** 〜の妨げになる

☐ **set time** 決まった時間

☐ **bargain hunter** いつも安い値段を探している人

- **Do you ever buy things on the Internet?**
  (インターネットで物を買うことはありますか)

Sample Answers Track 109

▷ Yes, I bought a computer on the Internet last year. First, I went to the electronics store and researched which computer I wanted to buy. I discovered that the Internet price was much cheaper, and saved a lot of cash.

(はい、去年インターネットでコンピューターを買いました。最初、電器店に行ってどのコンピューターが買いたいか情報を集めました。インターネットの値段の方がずっと安いことに気が付いたので、だいぶお金を節約しました)

▷ I regularly buy groceries on the net. The deliveries are always prompt and the quality is good.

(定期的にネットで食料雑貨を買っています。配達はいつでも迅速ですし、品質もいいです)

▷ I do occasionally because it's a good way to save money and time. I bought a textbook last week. It was cheaper than the shop price and it arrived within two days.

(たまに買います。お金と時間を節約するいい方法だからです。先週、教科書を買いました。お店の値段より安かったですし、2日で届きました)

▷ No, I don't. You never know exactly what you're getting. I like to 'try before I buy.'

(いいえ、しません。手に入るものが、はっきりはわからないからです。「買う前に試す」のがよいです)

解説

注：電器店のことは、'electronics' store といいます。'electric' store は間違い
です。間違えやすいので注意しましょう。

どの答えも、'yes' あるいは 'no' と簡単に返事するだけで終わってはいません。
最初の3つの解答では、それぞれ買っている品物あるいはインターネットで買い
物をする理由を挙げています。この説明にすることで発展的な答えになっていま
す。最後の答えは、インターネットで買い物はしないという否定的立場の理由を
述べています。

レベルアップ表現に挑戦！

Sample Answers　Track ● 110

▷ Yes, I do it all the time. I think *the days* of shopping in *brick-and-mortar stores*
are numbered.
(はい、いつもそうしています。実店舗で買い物をする日は終わりが来ると思ってい
ます)

▷ *I wouldn't do that if you paid me!* You can't be sure that you will get what you
ordered, and even if you do, the quality might be *iffy*.
(絶対にしません。注文したものを必ず受け取れると信頼できませんし、たとえ受け
取ったとしても品物の質は疑わしいです)

役に立つ語句・表現

□ **The days of (something) are numbered.**　もうあまり長く存続できない。
□ **brick-and-mortar stores**　実際にある店舗（反対語は virtual store 仮想店舗）
□ **I wouldn't do that if you paid me!**　決してやらない！
□ **iffy**　疑わしい

・ **Which do you prefer, local shops or big shopping malls?**
(地元のお店と大きなショッピングセンター、どちらが好きですか)

▷ I prefer local shops because you get a more personal service and can get to know the staff.

（地元の店の方が好きです。個人的なサービスを受けられますし、お店の人と知り合いになることができるからです）

▷ I like local shops better. I often meet people I know there and we can chat.

（地元の店の方が好きです。そこではよく知り合いと会っておしゃべりをすることができます）

▷ I like big malls better because I can get everything I want in one place. I don't have to walk from one part of town to another.

（大きなショッピングセンターの方が好きです。なぜならほしいものはすべて一か所で買いたいからです。街の中をあちこち歩く必要はありません）

▷ I love big shopping malls. I can get everything I want very efficiently. I'm pretty busy so this is a useful feature of the malls.

（大きなショッピングセンターが大好きです。欲しいものをすべて、効率よく買うことができるからです。私はとても忙しいので、このことは、ショッピングセンターの利点です）

解説

　どの解答も、どちらが好きか立場を述べた後にその理由が挙げています。理由を述べる前に 'because' がある答え、ない答えに分かれますが、どちらでも OK です。ただ、'because' を何度も使いすぎると機械的に見えるので注意が必要です。

レベルアップ表現に挑戦！

Sample Answers Track ● 112

▷ Malls *get my vote* because they've got bookshops, cafes, restaurants and clothes shops all in one place. *What's not to like?*

（ショッピングセンターを選びます。なぜなら、ショッピングセンターには本屋、カフェ、レストラン、衣料品店、すべてが一か所にあるからです。嫌いな理由がありません！）

▷ Small shops are better because they're more individual and you can enjoy *serendipity*. Malls are full of chain stores and this *takes all the joy out of* shopping.

（小さな店の方がいいです。なぜなら、ずっと個性的ですし掘り出し物を発見する楽しみがあります。ショッピングセンターは全部チェーン店なので、買い物をする楽しみはすべて失われています）

役に立つ語句・表現

□ **get my vote**　私はこれを選ぶ
□ **What's not to like?**　好きにならない理由がない
□ **serendipity**　掘り出し物を見つけること
□ **takes all the joy out of (something)**　〜から面白みを奪う

Exercise 02 の解答例です。A)〜J) の表現の意味を、それぞれ 1)〜10) から選ん
で、空所に記入しなさい。（文頭にくるものも小文字になっています。）

A) **avoid (something) like the plague**   1) 割引商品をいつも探している人
B) **interfere with**   2) もうあまり長く存続できない
C) **bargain hunter**   3) 〜を徹底的に避ける
D) **the days of (something) are**   4) 実際にある（仮想ではない）店舗
   numbered
E) **iffy**   5) つまらなくする
F) **get my vote**   6) 妨げになる
G) **What's not to like?**   7) 私はこれを選ぶ
H) **serendipity**   8) 好きにならない理由がない
I) **take all the joy out of (something)**   9) 疑わしい
J) **brick-and-mortar stores**   10) 掘り出し物を見つけること

A) _____   B) _____   C) _____
D) _____   E) _____   F) _____
G) _____   H) _____   I) _____
J) _____

答 A)→3) ／ B)→6) ／ C)→1) ／ D)→2) ／ E)→9) ／ F)→7) ／ G)→8)
    ／ H)→10) ／ I)→5) ／ J)→4)

1)〜8) の空欄に A)〜J) の表現を入れなさい。（ただし必要であれば動詞を適する
形に変えること。）

Shopping is far from being my favourite activity. It 1)_____ my daily routine.
When I have to go shopping, I much prefer local stores where I might come
across something unusual through 2)_____. I also enjoy getting a good deal—I'm

110

a bit of a 3)_____. As for malls, I hate them, and never go if I can help it. I 4)_____ (them) _____. The sterile atmosphere of the big mall 5)_____ shopping. But I think the internet is the future, and 6)_____ will disappear. Believe me, 7)_____ (the physical store) _____. I don't care because I am in favour of shopping on the net. Internet shopping 8)_____ every time.

1) _____   2) _____   3) _____
4) _____   5) _____   6) _____
7) _____   8) _____

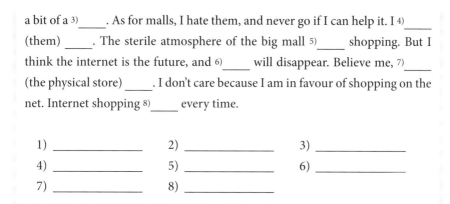

答 1)→B) (interferes) ／ 2)→H) ／ 3)→C) ／ 4)→A) ／ 5)→I) (takes) ／
   6)→J) ／ 7)→D) ／ 8)→F) (gets)

Track 113

訳：買い物は、全然好きではありません。私の日課を邪魔するものです。買い物に行くなら、地元のお店がいいです。そこでは掘り出し物に出会えることがあるかもしれません。お買い得商品を買うのも楽しみです。私はちょっとした買い物上手です。ショッピングセンターについて言うと、私は大嫌いなので、できれば絶対に行きません。できるかぎり行かないようにしています。ショッピングセンターの無菌状態の雰囲気のせいで買い物の楽しみを奪われています。しかし、私が思うにインターネットには未来があり、実店舗は消えるでしょう。本当です、実際にあるお店は終わりがきます。私はそれでもかまいません。なぜならネットで買い物をするのが好きだからです。私はいつもインターネットショッピングを選んでいます。

Track 114

Talk about a place you have recently visited for fun.

You should say:

• Where you went

• What you did there

• Who you went with

and explain what was special about this place.

Exercise 02
解答解説

このトピックについて1～2分で話すことが求められます。まずは1分間で、何を言うかを考えましょう。メモを取ってもかまいません。必要ならば、次のテンプレートを使いましょう。

Last year, I visited _____ in _____. I stayed there for _____ and saw some fabulous places. I especially liked _____. On the second day, I hiked up _____, and on the third I visited _____. I went with my _____. He/She is _____. This place is special because _____.

（去年、私は_場所_に行きました。そこに_期間_滞在して、素晴らしい場所を見ました。私は特に、_場所_が気に入りました。2日目は、_場所_を歩き、3日目は_場所_を訪れました。私は_人_と一緒に行きました。彼／彼女は_人の説明_です）

Talk about a place you have recently visited for fun. You should say:
（最近観光客として行った場所について話しなさい。あなたが話すべきなのは）

・**Where you went**（どこへ行ったのか）
・**What you did there**（そこで何をしたのか）
・**Who you went with**（誰と一緒に行ったのか）
and explain what was special about this place.
（そこで何が特別だったのか説明してください）

Exercise 02 の解答例です。1)～6) の空欄を A)～F) の選択肢で埋めなさい。
（文頭にくるものも小文字になっています。）

1)_____ I stayed at my mother's house near Manchester in England for one month. 2)_____, I took a trip to Wales with my family. We went for three days. We set off early and drove west for an hour 3)_____ we came to the Welsh border. You know that you have reached Wales when you **encounter** a Welsh flag with a red dragon above the sign 'Croeso y Cymru', which means 'Welcome to Wales'. The markings on the road also change. Instead of the word 'Slow', the word 'Araf' appears. We drove on for two more hours until we reached the breathtakingly beautiful seaside town of Caernarfon. It has a huge castle that is 700 years old and a harbour full of yachts. We visited the castle and then ate in a pub by the sea. The pub itself **dates back to** the Tudor era, about 500 years ago, and is very picturesque. 4)_____, we went to Harlech Castle. 5)_____ of the castle there is a fantastic view of the countryside and the sea. Wales has **countless** castles because of the fighting between the English and the Welsh that took place hundreds of years ago. 6)_____, we climbed up Mt. Snowdon, which is the highest mountain in Wales. North Wales is special because the people around us speak Welsh. It is very different from English. In Welsh, 'Good morning' is 'Bore da' and 'Cymru am byth' means 'Wales forever!'

A) **during this time**

B) **finally**

C) **until**

D) **last year**

E) **from the top**

F) **the next day**

Flag of Wales in the wind
© ug – Fotolia

Caernarfon Castle, North Wales
© eyewave – Fotolia

Traditional pub
© Geoff Tozer

答 1)→D) ／ 2)→A) ／ 3)→C) ／ 4)→F) ／ 5)→E) ／ 6)→B)

Track ● 115

- □ **A)** その時の間に
- □ **B)** 最後に
- □ **C)** 〜まで
- □ **D)** 去年
- □ **E)** 頂上から
- □ **F)** 翌日

訳：去年、私はイギリスのマンチェスターの近くにある母の家に1か月間滞在しました。その間、家族と一緒にウェールズに旅行に行きました。3日間行きました。早く出発し、1時間西へ車で移動して、ウェールズ地方境に到着しました。ウェールズに着いたとわかるのは、赤いドラゴンと「ウェールズへようこそ」という意味の 'Croeso y Cymru' というサインが入ったウェールズの旗を目にしたときです。道路標識も変わります。'slow' の代わりに 'Araf' という言葉が見られます。私たちはそこから2時間車に乗ってカーナーヴォン（Caernarfon）の街にある息をのむほど美しい海岸に到着しました。そこには700年前の大きなお城やヨットでいっぱいの港があります。お城を訪ねた後、海の近くにあるパブで食事をしました。パブ自体がチューダー王朝時代にさかのぼる約500年前のもので、絵のようにとても美しいです。

　次の日、私たちはハーレフ城（Harlech Castle）に行きました。お城の頂上からは田園地帯や海の素晴らしい風景が見られます。ウェールズには無数のお城があり、数百年前にはイングランド人とウェールズ人の戦いがありました。最後に、私たちはウェールズで一番高い山であるスノードン（Snowdon）山に登りました。人々がウェールズ語を話しているので、北ウェールズは特別です。ウェールズ語は英語

とは大きく違います。ウェールズ語では 'Good morning' は 'Bore da' といいます し、'Cymru am byth' は 'Wales forever!' の意味があります。

・**Do you often go travelling?**

（旅行にはよく行きますか）

Sample Answers Track 116

▷ Yes, I go on holiday every summer. Some years I go abroad and other years I stay in Japan.

（はい、毎年夏に旅行に行きます。海外に行った年もありますし、日本に滞在した年 もあります）

▷ Not really. I'm very busy working/studying so I don't get the opportunity to travel.

（あまり行きません。仕事／勉強がとても忙しいので、旅行をする機会が得られませ ん）

▷ Yes, I do. Travelling is what makes life *bearable*. No travel, no life!

（はい、そうします。旅行があるので毎日の生活に耐えられるのです。旅行がない人 生なんてつまりません）

┌─ 役に立つ語句・表現

☐ **bearable**　耐えることができる

☐ **No travel, no life!**　旅行のない人生は退屈である！（他にも No coffee, no life! や No TV, no life! などユーモア表現として様々な形で使われる）

　注：プレゼンテーションに続いて聞かれる質問は簡単なもので、それに対して 長く答えることは求められてはいません。このことは頭に入れておきま しょう。

┌─ 解説

Language Activity では last year から finally という時間を示す言葉を使いな
がら、時系列で話が進んでいます。また場所を表す表現も冒頭から使われていま
す。drove/reached/climbed up という動詞も旅の行程を明確に表現しています。

また、このプレゼンテーションでは Harlech Castle に訪れたことを言った後に
海の景色を見たことを続けて述べる、というように、重要なポイントの後に詳し
い説明を加えるという形をとっています。このように詳しい説明へと話を広げて
いけば、新たに行った場所を思い出し続ける必要はなくなり、楽に2分間話し続
けられるようになります。

Language Activity

次のパッセージを読んで、Exercise 02 の解答例で色がついた頻出表現が、別の文
章でどのように使われているか確認しましょう。なお、このパッセージには4つ間
違いがあります。見つけてみましょう。

During Golden Week, that is a series of Japanese holidays, I *encountered*
a bear! I was staying in picturesque Takayama, a city with *countless* old
buildings that *date back to* the Edo era. One morning I went out hiking in the
breathtakingly beautiful mountans and saw some trees with claw marks on
them. Looking up, I watched a black bear! Luckily I had a bell with me, and
when I rang it the bear walked away. After that I felt a little nervous and soon
returned to the safe of the city.

（日本で連休になっているゴールデンウィーク中に、私は熊に出くわしました！
美しい高山に滞在していました。そこは、江戸時代にさかのぼる古い建物がたくさ
んある街です。ある朝、とても美しい山々へ歩きに行って、熊の爪痕が残った木
がいくつかあることに気が付きました。見上げると、黒い熊が見えたのです。幸運
にも、私は熊鈴を持っていて、それを鳴らすと熊は去っていきました。少し不安を
感じたので、安全な街に戻りました）

間違い

1) _____　　2) _____　　3) _____

4) _____

答

Track 117

1)（誤）1文目のthat →（正）which

　カンマから始まる非限定の関係節の場合はwhichを使う。

2)（誤）3文目のmountans →（正）mountains

　スペルミス。

3)（誤）4文目のwatched →（正）saw

　watchは何かを見続けている場合に使う。見上げる（looking up）という動作の後に続く動詞としてふさわしいのは、watchではなくseeである。

4)（誤）6文目のsafe →（正）safety

　theの後は名詞形にしなければならない。

Exercise 03 Part 3

Track 118

Being a tourist

- Why do tourists enjoy visiting a city?
- Which do you think is more interesting to visit, the city or the countryside?
- Does tourism bring any disadvantages to a city?

Visiting places of natural beauty

- What are the most beautiful natural areas in Japan?
- Do you think companies should be allowed to dig for oil, gas or coal in beautiful places?
- What do you think the government should do to protect natural areas?

第2章

Exercise

03

Being a tourist　旅行をする

・**Why do tourists enjoy visiting a city?**
（都会を訪れる旅行客にとって魅力のあるものとは何ですか）

Sample Answers　Track ● 119

▹ Tourists visit cities for a wide range of reasons. Some go for the shopping, entertainment and nightlife while others go to enjoy cultural assets such as temples and interesting old buildings. My city of Tokyo has a very tall tower called the Sky Tree, and I know that it attracts a lot of visitors.
（旅行者はさまざまな理由で都会を訪れます。買い物、催し物あるいは夜の娯楽が目的の人もいれば、お寺や興味深い古い建築物などの歴史遺産を楽しみたい人もいます。私が住んでいる東京にはスカイツリーと呼ばれるとても高いタワーがあって、多くの観光客を魅了しています）

▹ When tourists visit a city, they can see a lot in a short space of time. They can shop in the morning, go sightseeing in the afternoon and enjoy fine dining in the evening. It's not so relaxing but it is very efficient. In Tokyo, where I live, you can visit temples, shops and museums all within the space of a day.
（旅行者が都会を訪れると、短い時間でたくさんのものを見ることができます。午前中に買い物をして、午後に観光に行き、夜に最高のディナーを楽しむことができます。くつろげはしませんが、とても効率がいいです。私が住む東京では、一日のうちにお寺、店、美術館の全部に行くことができます）

┌─ 解説

　両方の解答とも、1つのキーポイント対し2〜3つの具体例を挙げています。また、概要から個人的な話（私が住んでいる街）に話題が移る、という流れになっています。

レベルアップ表現に挑戦！

Sample Answer Track 120

▶ Tourists *come in all shapes and sizes*. Some are shopaholics and want to spend all their time wandering from one shop to another. This type of tourist is typically *well-heeled*. Others are *culture vultures* who want to see as many interesting sights as they can. Still others come to enjoy the *buzz* that a big city has to offer.

（観光客にはさまざまなタイプがいます。買い物中毒で、すべての時間を使って店を次々と歩いて回りたいという人がいます。こういう観光客は典型的なお金持ちです。一方、できる限り多くの面白い場所を見たいという、文化に対して貪欲な人もいます。他にも、都会にある活気を楽しみたいという人もいます）

役に立つ語句・表現

□ **come in all shapes and sizes**　様々なタイプがいる
□ **well-heeled**　裕福な
□ **culture vultures**　あらゆる文化を愛する人々（ユーモアを込めた表現）
□ **buzz**　活気、勢い

• **Which do you think is more interesting to visit, the city or the countryside?**
（都会と田舎、どちらを訪れるのが面白いと思いますか）

Sample Answers Track 121

▶ I think the city is more exciting. There's nothing much to do in the countryside. It's great if you like hiking but otherwise you need a car and I don't drive. In the city you can try out new restaurants and browse in designer shops.

（都会の方が面白いと思います。田舎にはやることが多くありません。もしハイキングが好きなら田舎がよいのでしょうが、その一方で車が必要になります。私は車を運転しません。都会では新しいレストランに行ってみたり、デザイナーショップで商品を見て回ることができます）

▶ I believe the countryside is more interesting. The city is too crowded and noisy. In the countryside, you can breathe fresh air and relax. You can go

hiking or fishing and generally enjoy the bounty of nature.
（田舎の方が面白いと思います。都会は混みすぎ、うるさすぎます。田舎では、新鮮
な空気を吸って、リラックスできます。ハイキングや釣りに行けますし、広く自然の
美しさを楽しむことができます）

解説

　まず、都会と田舎のどちらを選ぶかを明らかにした後、選ばないもう一方が理
想的ではない理由を挙げてから、自分の立場を固めています。

レベルアップ表現に挑戦！

Sample Answer Track 122

▷ The countryside, *without question*. In the countryside you can stay in
traditional hotels with hot springs and visit places where people still *practice
old customs*. The *razzmatazz* and *frenetic* pace of the city is not for me.
（田舎です。はっきり言えます。田舎では温泉がある伝統的なホテルに泊まることが
できますし、今でも古い伝統を守っている人々が住む場所を訪れることができます。
都会の派手さと熱狂的なペースは私には向いていません）

役に立つ語句・表現

□ **without question**　間違いなく
□ **practise old customs**　古い伝統を守っている
□ **razzmatazz**　派手さ、華やかさ
□ **frenetic**　熱狂的な

- **Does tourism bring any disadvantages to a city?**
（旅行業が街に不利益をもたらすことはありますか）

Sample Answers Track 123

▷ Yes, it does. When too many tourists visit, a city can become overcrowded
and lose its distinctive character. Last summer I visited London. Everyone

there seemed to be a foreigner!

（はい、あります。あまりにもたくさんの観光客が街にやってくると、混雑して街が
持つ特徴的な面を失われるかもしれません。去年の夏、私はロンドンに行きましたが、
そこにいる人はみんな外国人のようでした）

» I think so. The people living in the cities become less friendly to visitors.
The prices rise in the restaurants and hotels, and the residents can feel like
strangers in their own city.

（あると思います。街に住む人は観光客に対してフレンドリーでなくなっています。
レストランやホテルの値段が上がり、住人は自分の街にいるのに外国人のように感じ
てしまうかもしれません）

解説

　最初の答えは、観光業が街にもたらしたものを大まかに述べてから具体的な例
を説明しています。2番目は同様に全体的な様子を示してから、街の変化をより
詳しく伝えています。

スコア7の解答例

Sample Answer　Track 124

» Tourism can *overwhelm* a city's infrastructure, especially the transport and
accommodation systems, which can be a big hassle for local residences and
tourists alike. Another problem is that tourists often visit in the *high season*
only. The city's residents come to rely on *the tourist dollar*, and might have a
hard time *making ends meet* in the other seasons.

（観光業は街のインフラに大打撃を与えています。特に交通や宿泊施設が影響を受け
ていて、地元住民と観光客両方にとって大きな問題となりかねません。他に問題とな
るのは、観光客はたいてい最盛期にしか来ないということです。街の住人は観光収入
に頼っているところがあり、他のシーズンでは生活を成り立たせるのが難しいようで
す）

□ **overwhelm**　圧倒する、大打撃を与える

□ **high season**　（観光業の）最盛期

□ **the tourist dollar**　観光収入

□ **make ends meet**　収支を合わせる、生計をやりくりする

Visiting places of natural beauty　自然が美しい場所を訪れる

・**What are the most beautiful natural areas in Japan?**
（日本の中で最も自然が美しい場所はどこですか）

Sample Answers　Track 125

▶ I think the small islands are fascinating. Each one seems to have its own culture. Once I visited Yakushima, which has ancient cedar trees. Some of them are more than five thousand years old. Another time I went to Miyakejima, which has a smoking volcano!

（小さな島が魅力的だと思います。島の1つ1つがそれぞれの文化を持っているようです。一度屋久島に行ったことがあります。古いシダの木があって、中には500年以上前のものがあります。別の機会には三宅島に行きました。噴煙を上げている火山があります！）

▶ I like the wide open spaces that you can find in Hokkaido. It isn't like the rest of Japan. A lot of nature remains and the scenery is spectacular. Last year I visited Lake Toya and saw an amazing amount of wildlife.

（北海道の大きく開けた地帯を見るのが好きです。日本では他にありません。多くの自然が残っており、その風景は素晴らしいです。去年は洞爺湖を訪れ、驚くような数の野生生物を見ました）

　両方の答えとも、大まかな話から始まり、詳しい説明をして具体例を加える、という流れで進んでいます。whichの関係代名詞節が使われていることに注目しま

しょう。情報を付け加えるのに便利な表現です。

注：この質問では自然美の場所について聞いているので、都会について話すのは適切ではないと考えられます。

スコア7の解答例

Sample Answer Track 126

▶ For me, *it has to* be the mountains of Hida-Takayama in central Japan. The hiking trails are outstanding. It's a completely *unspoilt* area and the *flora and fauna has to be seen to be believed.*

（私にとっては、日本の中心にある飛騨高山しかありません。登山道のハイキングコースは特に素晴らしいです。そこは手が付けられていない、完全に自然のままの場所です。植物や動物の美しさは実際に見ないとわからないでしょう）

役に立つ語句・表現

□ **It has to be**　そうならざるをえない

□ **unspoilt**　人間の手がつけられていない

□ **flora and fauna**　植物や動物（plants and animals）

□ **have to be seen to be believed**　見なければわからない

- **Do you think companies should be allowed to dig for oil, gas or coal in beautiful places?**

（企業が美しい場所で石油、ガスや石炭を掘るのを認めるべきだと思いますか）

Sample Answers Track 127

▶ Yes, I do. / No, not at all. / It depends on the circumstances.

（はい、そう思います／いいえ、まったくそう思いません／状況によると思います）

▶ On the whole, no I don't. We have already destroyed too much of the planet. We need to leave some places alone. Besides, the resources we dig up will probably be burned in some way, causing pollution.

（全体的に見ると、そうは思えません。われわれはすでにあまりにも大きく地球を破壊しています。ある場所は残しておく必要があります。また、掘り出される資源は何

らかの形で燃やされ、汚染を引き起こします）

▶ Yes, I do. The world seems to be in a recession, and we need cheap energy to pull out of it. Once the recession is over, we can think about the environment and becoming more eco-friendly.

（はい、そう思います。世界は不景気のようですから、私たちはそこから抜け出すために安いエネルギーを必要としています。不景気が終われば、環境のことを考え、環境にやさしくなれると思います）

解説

自分の利益を目的とするという意味で、人に対してexploitを使う場合は、否定的な表現になります（例：The company is exploiting the workers.［その会社は労働者を食い物にしている］）。しかし、物事に対して使う場合は中立的な表現になります（例：We need to exploit the technology.［私たちは技術を利用する必要がある］）。

最初の答えは、on the wholeという言葉を使って明言を避けた上で、besidesという単語を使って、理由を2つ挙げています。2番目は、現在と予想できる未来を対比させ、時系列的に考えを展開させています。

スコア7の解答例

Sample Answer Track●128

▶ No I don't, with some *exceptions*. I don't think we should dig for *fossil fuels*, but digging for *rare earth metals* is acceptable as long as there are strict *controls* on how the operations are carried out.

（いいえ、そう思いませんが、いくつか例外があります。化石燃料を掘る必要はありませんが、レアアース（希土類元素）を掘り出すのは認められると思います。ただ、作業の方法を厳しく管理するという条件はあります）

役に立つ語句・表現

☐ **exception**　例外
☐ **fossil fuel**　化石燃料

□ **rare earth metal**　希土類金属

□ **control**　制限する

• **What do you think the government should do to protect natural areas?**

（国が自然地域を保護すべきということについてどう考えますか）

Sample Answer　Track◉129

▹ The government should train more rangers to make sure that tourists stick to the rules. They need / It needs to make sure no one is throwing litter/ trash onto the ground.

（政府はより多くの警備員を訓練し、観光客にルールを守らせるようにすべきです。誰一人として地面にごみを捨てることがないようにする必要があります）

▹ They/It should create special zones where commercial development is not allowed. That will ease the pressure on the countryside as a whole while ensuring that some areas remain natural.

（政府は商業的開発を認めない特別区域を作るべきです。そうすることで、ある地域を自然の状態に残すと同時に、全体として田舎への圧迫を軽減することにつながります）

┌──── **解説**

　イギリス英語とアメリカ英語では複数形に対する考え方が若干異なっているので注意してください。アメリカの語法ではthe governmentを単体として扱い、代名詞を 'it' としますが、イギリス英語の話者はthe governmentを個人の集合体だととらえ、'they' で受けます。

　上記の答えは両方とも政府が自然地域を守る責任を果たすべきという一般的な立場を示しています。その後に、1番目の答えはとるべき行動を具体的に挙げています。2番目では、政府がとれる行動によって期待できる結果が述べられています。

Sample Answer Track 130

▷ The government could *impose a quota* on the number of tourists entering the areas with *stiff fines* for anyone who *violates* this rule. It may seem like *going overboard* but many areas of natural beauty are already spoilt.

（政府は、区域に入る観光客の数を制限し、そのルールを守らない人には高額な罰金を科すことができるはずです。行きすぎに感じるかもしれませんが、自然美のある区域の多くがすでに台なしになっています）

役に立つ語句・表現

- ☐ **impose a quota**　定員を設ける
- ☐ **stiff fine**　高い罰金
- ☐ **violate**　違反する
- ☐ **go overboard**　行きすぎる

Language Activity

次の単語・表現の意味を選択肢 A)〜C) から選びなさい。

1) **well-heeled**
   A) **an attractive shoe**
   B) **having much money**
   C) **a fast runner**

2) **frenetic pace**
   A) **rushing here and there**
   B) **a steady beat**
   C) **a pace of one meter**

3) **make ends meet**
   A) **make enough to live**
   B) **thread a needle**
   C) **having a joint purpose**

4) **flora and fauna**
   A) **food and drink**
   B) **types of margarine**
   C) **plants and animals**

5) **fossil fuels**
   A) **dinosaurs and crocodiles**
   B) **an organic fuel source**
   C) **renewable energies**

6) **go overboard**
   A) **leave a plane**
   B) **cut pieces of wood**
   C) **do too much**

1) _____   2) _____   3) _____
4) _____   5) _____   6) _____

答　1)→B) ／ 2)→A) ／ 3)→A) ／ 4)→C) ／ 5)→B) ／ 6)→C)

1)
☐ **A)** 魅力的な靴
☐ **B)** 高いお金を持っている
☐ **C)** 足が速い走者

2)
☐ **A)** あちらこちらに急いで行く
☐ **B)** 一定のテンポ
☐ **C)** 1メートルの歩幅

3)
☐ **A)** 生活に必要な分を稼ぐ
☐ **B)** 針に糸を通す
☐ **C)** 幾つかの目的を持つ

4)
☐ **A)** 食べ物と飲み物
☐ **B)** マーガリンの種類
☐ **C)** 植物と動物

5)
☐ **A)** 恐竜とワニ
☐ **B)** 有機燃料源
☐ **C)** 再生可能エネルギー

6)

☐ **A)** 飛行機から降りる

☐ **B)** 木材を切る

☐ **C)** やりすぎる

Track 131

Fashion

- How important is fashion to you?
- How often do you and your friends talk about fashion?
- Do you think fashion will be more or less important in the future?
- How strong is the influence of peer pressure on fashion choices for most teenagers?

Colours

- Do you have a favourite colour?
- Do colours have any effect on your mood?
- How important is the colour of a smartphone to you?
- Have you always liked the same colours?

NO TEST MATERIAL ON THIS PAGE

受験者は、住所や仕事・学業について聞かれた後、試験官から2つの身近なトピックについて質問されます。

Fashion　ファッション

頻出表現

Styles　スタイル
smart（洗練された）／formal（正式の）／casual（普段の）／latest（最新の）／fabric（組み合わさった）

Hair　髪形
perm（パーマ）／highlights（明るく染めた）／dyed（染めた）／trim（短く刈り込む）

その他
trends（流行）／cutting-edge（最新の）／in fashion（流行に乗って）／out of fashion（時代遅れ）／old-fashioned（昔風の）

・How important is fashion to you?
（あなたにとってファッションはどれくらい大切ですか）

Sample Answers　Track 132

▷ It's pretty important. I spend a lot of time and money on my appearance. I like to look good.
（とても大切です。自分の容姿にたくさんの時間とお金をかけています。よく見られたいのです）

▷ It's moderately important. I do like to look good, but I'm on a tight budget.

These days you can get some nice-looking clothes at a reasonable price from chain stores like Uniqlo.

（まぁ大切です。よく見られたいですが、使えるお金は限られています。最近は、ユニクロのようなチェーン店で見栄えのいい服を手頃な値段で買うことができます）

▷ Not very. As long as I don't look weird, with different-coloured socks or something, I don't think about it much.

（そんなに大切ではありません。色違いの靴下を履くなど、奇妙に見えることがないかぎり、あまり考えません）

▷ Not at all. Fashion's boring. I like to read books and hike in the countryside, and fashion has nothing to do with either of those.

（まったく大切ではありません。ファッションはつまらないものです。私は、本を読み、田舎を歩き回りたいです。ファッションはそういうこととは関係がありません）

解説

　質問で聞かれているのは、重要さの度合いです。どの答えも、どれくらい大切かを示した上で、経験からシンプルな理由を挙げ、続いて詳細を付け加えるという形で話を展開させています。

レベルアップ表現に挑戦！

Sample Answers　Track 133

▷ It's pretty important. Whether we like it or not, people will judge you on how you look. We trust people in *sharp* suits more than we do those in *shabby* clothes. It's just a fact of life.

（とても大切です。好むと好まざるとにかかわらず、人は見かけで判断します。私たちはくたびれた服を着ている人よりも、見栄えよく仕立てられたスーツを着ている人の方をより信頼します。これは生きる上での現実です）

▷ Not much. People who think too much about fashion are *superficial*. They're trying to be someone they're not. As the saying goes, *you can't judge a book by its cover*.

（そうでもありません。ファッションを強く意識している人は、物事をあまり深く考えていません。彼らは自分以外の何者かになろうとしています。ことわざが言う通り、

135

「見かけは幻惑」です。

- [ ] **sharp**　しゃれた、洗練された
- [ ] **shabby**　みすぼらしい
- [ ] **superficial**　表面的な、うわべだけの
- [ ] **You can't judge a book by its cover.**　見かけでは中身を判断できない（直訳：表紙で本を判断できない）

・**How often do you and your friends talk about fashion?**
（どれくらいの頻度で、あなたは友人とファッションの話をしますか）

Sample Answers　Track 134

▷ It's a constant topic of conversation. We like to go shopping together and look at the latest fashions in the shops, so of course we discuss it a lot.
（ファッションは必ず話題になります。私たちは一緒に買い物に行き、お店で最新のファッションを見ます。なので、もちろんファッションについてたくさん話します）

▷ We talk about it quite often. When we get together one of us will probably be wearing something new, so everyone comments on it.
（ファッションについてはよく話します。みんなで集まったとき、大体誰かが新しい服を着ています。その場合、みんなでその服の批評をします）

▷ It comes up now and then, especially when the sales are on in the stores.
（ときどき話題になります。特にお店でセールがあるときにそうです）

▷ It never comes up in conversation! It would be kind of embarrassing to start talking about fashion. We're just not that sort of people.
（ファッションについて話すことは決してありません。ファッションの話を始めることは、ある意味気恥ずかしいことです。私たちは、そういうタイプではありません）

┌─ 解説

　どの答えも、ファッションが話題になる頻度を述べ、続いて理由を挙げて答えを膨らませています。理由としては、ファッションが話題になる背景を明らかに

しています。最後の答えは、ファッションの話を絶対しない理由を述べています。

┌─ レベルアップ表現に挑戦！

Sample Answers Track ● 135

▷ I'm into art and design *in a big way* so it's natural for me to talk about fashion with my friends.
（私は心からアートやデザインに夢中なので、友達とファッションについて話をするのはとても自然なことです）

▷ My friends and I are all scientists, so the topic of fashion is a *non-starter* unless we are discussing the *psychological basis* for *ephemeral* changes in fashion.
（友人と私は根っからの理系なので、ファッションの早い移り変わりに見られる心理理論について話をすることがない限り、ファッションが話題に挙がることはありません）

┌─ 役に立つ語句・表現

☐ **in a big way**　大規模に、非常に
☐ **non-starter**　成功する見込みがないもの
☐ **psychological basis**　心理学的な根拠
☐ **ephemeral**　一時的な

・**Do you think fashion will be more or less important in the future?**
（将来、ファッションは今より重要になる、あるいは重要ではなくなると思いますか）

Sample Answers Track ● 136

▷ I think we'll have more leisure time to spend how we like, so I think fashion will grow in importance, as will other leisure-related trends.
（私たちは、どうありたいかということに、より自由な時間を使うようになると思います。なので、ファッションはより重要になると思います。他の娯楽の傾向も同じでしょう）

▷ More. We're all influenced by the media these days, and this makes us more fashion-conscious. I think this trend will continue, especially as people are now constantly connected to the net by smartphone.

（より重要になります。近頃では、私たちは皆メディアに影響を受けており、それによってファッションを意識するようになっています。この傾向は今後も続くと思います。特に、私たちは今スマートフォンによって常にインターネットにつながった状態だからです）

▷ Less. We've seen so many fashion trends come and go that there can't be many more left! Soon we will just be recycling them.

（今より重要でなくなります。今までたくさんのファッションの流行りすたりを目にしてきました。ファッションはこれ以上は多くならないはずです。私たちは今あるファッションを使い回すようになるでしょう）

▷ I'm sorry, I've got no idea about fashion trends—People have been interested in fashion since I was born, so I assume that they will continue in the same way.

（すみません。ファッションについては何の考えも持っていません。私が生まれてから、人はファッションに興味を持ち続けているので、これは同じように続くだろうと思われます）

解説

　この質問は想像力が必要になります。解答例は、ファッションと別の傾向と結びつける形で構成されています（1番目の答えでは自由な時間、2番目はメディアの影響、3番目はファッションが至る所にあり、飽和した状態）。4番目の答えは、ファッションについて考えがない、という導入から始まっています。これも有効な解答となります。

レベルアップ表現に挑戦！

Sample Answers　Track 137

▷ The former. We have so many *material goods* these days that we will have to spend our money on styles of clothing to *differentiate* ourselves from others.
（前者です。この時代、我々は物質をあまりにもたくさん持っているので、他の人との違いを出すためには、お金を使って個性のある服を買わなければならなくなるで

しょう）

▸ The latter. Nowadays anyone can dress fashionably without spending too much money. Since fashion is no longer *exclusive*, it will lose its *snob appeal* and people will become less interested in it.

（後者です。今では誰でもたくさんのお金を使わなくても、流行の服を着ることできます。ファッションはもはや、限られた一部の人だけのものではないので、ファッションは地位の優越さを示せるという魅力がなくなり、人々は興味を持たなくなるでしょう）

┌── 役に立つ語句・表現

□ **material goods** 品物、物質的なもの
□ **differentiate** 区別する
□ **exclusive** 排他的な、独占的な
□ **snob appeal** 俗受け

• **How strong is the influence of peer pressure on fashion choices for most teenagers?**
（多くの10代の若者にとって、服選びに対する仲間同士のプレッシャーの影響はどれほど強いですか）

Sample Answers　Track ● 138

▸ Incredibly strong. Teenagers love to be part of a group, and they take their cues from each other.
（非常に強いです。10代の若者はグループの一員になりたいので、互いに真似をします）

▸ Pretty strong. Teenagers have best friends, and having the same taste in music and clothes as their friends is important to them.
（とても強いです。10代の若者には親友がいて、音楽や服に同じ好みを持ちます。なので、友達というのは大切なのです）

▸ It's definitely a factor. Teenagers tend to be sensitive to criticism and don't like to wear anything that their peers might consider uncool.
（それは確かな要素です。10代の若者は批判に対し敏感で、仲間がカッコ悪いと思う

であろう服は着ようとしません）

▸ Teenage fashion all looks the same to me, so that suggests to me that they're influencing each other heavily.

（私には、10代のファッションは全部同じに見えます。なので、お互いに強く影響し合っているのだと推測できます）

┌─ 解説

'peer pressure' はわかりづらい表現なので、理解できない受験者もいるかもしれません。受験者は試験官に、質問全体の意味を聞くことはできませんが、具体的な言葉の意味を聞くことは可能です。なので、'Can you rephrase the question?'（質問を言い換えてもらえますか）ではなく、'What does "peer pressure" mean?'（peer pressure とはどういう意味ですか）と聞くようにしましょう。試験官に質問を別の言葉で言い換えてもらうことはできませんが、peer pressure の意味を教えてもらうことはできます。

最初の2つの答えは、集団に同調したいという10代の若者の強い願望について述べています。3番目は、若者は批判に敏感だと指摘しています。最後の答えは、若者のパーソナリティからではなく、格好が似ているという目に見える根拠をもとに結論を導き出しています。

┌─ レベルアップ表現に挑戦！

Sample Answers　Track 139

▸ You can't *underestimate* the power of peer pressure. Teenagers like to *blend in* by wearing the same clothes as their friends.

（仲間からの圧力を見くびることはできません。10代の若者は友達と同じ服を着て、目立たないようにするものです）

▸ People tend to overestimate the effect of peer pressure. In my opinion, teenagers tend to be *wrapped up in* themselves.

（人は仲間からの圧力の影響を、大げさに受け取りがちです。私の意見では、10代の若者は自分自身の殻に閉じこもりがちだと思います）

┌─ 役に立つ語句・表現

☐ **underestimate/overestimate**　過小評価する／過大評価する

☐ **blend in**　周囲に溶け込む

☐ **wrapped up in**　夢中になっている

Language Activity

A)〜J) の表現の意味を、それぞれ 1)〜10) から選んで、空所に記入しなさい。

A) **sharp**	1) **thinking deeply about one thing to the exclusion of others**
B) **superficial**	2) **to a great extent**
C) **judge a book by its cover**	3) **fashionable in an expensive way**
D) **in a big way**	4) **manufactured products**
E) **non-starter**	5) **make assumptions based on appearance**
F) **psychological basis**	6) **only used by certain people or groups**
G) **material goods**	7) **no chance of succeeding**
H) **exclusive**	8) **fit in inconspicuously with the surroundings**
I) **blend in**	9) **far from profound**
J) **wrapped up in**	10) **mental origin**

A) _____ B) _____ C) _____

D) _____ E) _____ F) _____

G) _____ H) _____ I) _____

J) _____

答 A)→3) ／ B)→9) ／ C)→5) ／ D)→2) ／ E)→7) ／ F)→10) ／ G)→4) ／ H)→6) ／ I)→8) ／ J)→1)

- □ **1)** 1つのことに没頭して、他のものを排除する
- □ **2)** 大いに、非常に
- □ **3)** お金をかけておしゃれでいる
- □ **4)** 製造された、生み出された
- □ **5)** 見かけで人を判断する
- □ **6)** 特定の人やグループにだけ使われる
- □ **7)** 成功する見込みがない
- □ **8)** 周りから目立たないように合わせる
- □ **9)** ちっとも深くない
- □ **10)** 精神的原点

1)〜8) の空欄に A)〜J) の表現を入れなさい。

First meetings are important for getting an overall sense of what a person is like, but we should not be quick to judge people on 1)＿＿ impressions. If you see someone wearing a 2)＿＿ suit that is obviously expensive or some 3)＿＿ label, you may assume that they are somehow smart or interesting. However, this is not necessarily true, and you should never 4)＿＿. Sometimes our unconscious thinking works the other way. I'm always suspicious of a university professor who wears a nice suit. To my mind, a professor should be so 5)＿＿ his studies that he or she should not care about clothes. I know this is not true, and this is a 6)＿＿ as a serious idea, but I kind of believe it. In conclusion, when we meet people for the first time we should look at the 7)＿＿ for our impression and, whether they stand out or 8)＿＿ with the crowd, we should avoid making instant judgements.

1) ＿＿＿＿＿＿　　2) ＿＿＿＿＿＿　　3) ＿＿＿＿＿＿
4) ＿＿＿＿＿＿　　5) ＿＿＿＿＿＿　　6) ＿＿＿＿＿＿
7) ＿＿＿＿＿＿　　8) ＿＿＿＿＿＿

答　1)→B) ／ 2)→A) ／ 3)→H) ／ 4)→C) ／ 5)→J) ／ 6)→E) ／ 7)→F) ／ 8)→I)

Track 140

訳：初対面というのは、人の全体の第一印象を得るのにとても重要です。しかし、すぐにうわべだけの印象で人を判断してはいけません。明らかに高価な、あるいは限られた人しか買えないブランド物のおしゃれなスーツを着ている人を見たら、その人のことを賢い、あるいは面白そうな人だと思うかもしれません。しかし、それは必ずしもそうではありません。なので、決して見かけで判断してはいけないのです。ときどき、無意識の判断が別の形で働くことがあります。私はいつもいいスーツを着た大学教授のことを疑ってしまいます。私の頭の中では、教授というものは研究に没頭していて、服にかまわない人なのです。それは事実ではないし、大した問題にはなりえない、とわかっているのですが、少しだけそう信じてしまいます。つまり、人と初めて会うときは、印象の底にある心理的根拠に目を向けるべきです。目立っていようと他に紛れていようと、すぐに判断するのは避けなければいけません。

colours　色

頻出表現

steel grey（鉄灰色）／brick red（赤レンガ色）／metallic（金属的な）／glossy（つやつやした）／matt（艶のない）／clashing（合わない）／harmonious（調和が取れた）／loud（けばけばしい）／subdued（地味な）

・**Do you have a favourite colour?**

（好きな色はありますか）

Sample Answers Track 141

▷ I like blue because it looks smart. A light blue suit and a dark blue shirt is a good combination. I wear it about three times a week.

（青が好きです、スマートに見えるからです。明るい青のスーツと濃い青のシャツはよく合います。大体週に3回この組み合わせを着ています）

▷ I tend to wear a lot of black. Black goes with everything and looks good at the office or at home. It frees me up to think about other things.

（黒の服をよく着ます。黒は何にでも合いますし、職場でも家でも見栄えがいいです。他に何を着ようか考えなくてすみます）

▷ I love earth colours—brown, brick red, grey. The walls of my house are painted in these colours.

（アースカラーが大好きです。茶色、レンガ色、灰色です。私の家の壁は、これらの色で塗ってあります）

▷ Not really. Actually, I couldn't care less about colours. There are more important things in life to think about.

（特にありません。事実、私は色をあまり意識していませんでした。生活の中には、考えるべきもっと大切なことがあります）

解説

　多くの人は、色について強い意見を持ってはいません。そういう場合の一番よ

い答え方は、まずは深く考えずに色を1つ挙げることです。それから、その色が何に合うのか具体例を考えましょう。解答を見ると、好きな色を1つ挙げ、続けてその色がどのように見えるか、どんな効果があるかということを述べています（最後の答えは、好きな色はないと言っています）。また、スーツ・職場・家の壁という具体的な物を挙げることで、実生活に基づいた話に仕上がっています。

┌─ レベルアップ表現に挑戦！

Sample Answers Track ● 142

▷ I'm a bit of an *extrovert*, so I tend to wear bright colours. Some people would say my clothes are too *loud*.

（私は少々外向的なタイプなので、明るい色を着ることが多いです。ある人たちは、私の服が派手だと言います）

▷ I'm actually *colour-blind* and can't distinguish between red and green, so I'm not *qualified* to talk about colour.

（実は、私は色覚異常があり赤と緑の区別がつきません。なので、私は色の話をすることができません）

┌─ 役に立つ語句・表現

☐ **extrovert**　外向的・社交的（反対語はintrovert［内向的］）

☐ **loud**　派手な

☐ **colour-blind**　色覚異常のある（大体、赤と緑が判別できない）

☐ **qualified**　資格がある

・ **Do colours have any effect on your mood?**

（さまざまな色は、あなたの気分に影響を及ぼしますか）

Sample Answers Track ● 143

▷ Yes, definitely. Blue calms me down—that's why I like to spend time by the sea—while earth colour reduce stress.

（はい、その通りです。青を見ると落ち着きます。だから私は海で過ごす時間が好きです。また、アースカラーを見るとストレスが減ります）

I'm sure they do. That's why I feel so relaxed when I'm surrounded by greenery. I like to go walking in the park or countryside whenever I get an opportunity.

（そうだと信じています。だから、緑の自然に囲まれていると落ち着くのです。機会があればいつでも、公園や田舎を歩きたいです）

Yes, I think so. Black makes me feel businesslike and ready to go to work.

（はい、そう思います。黒は事務的な感じがして、会社に行きたい気分になります）

I don't think they have much effect. The weather affects my mood a lot, but not colours.

（あまり効果があるようには思いません。お天気に気分が影響されますが、色はそうではありません）

解説

　どの答えもまずは、色で気分が変わるという考えに、どれだけ同意するかの程度を示し、色と気分のつながりについて、意見を述べています。最初の3つの答えは具体例を挙げています。最後の答えはmood（心理状態）という言葉を使って、色よりも天気の方が影響があると答えています。色について特に考えがない場合に、使える答え方です。

レベルアップ表現に挑戦！

Sample Answers　Track 144

I don't notice any changes, but they probably have a *subconscious* effect. I was reading that football teams that wear red *kits* win more games than those that wear other colours.

（私は何の変化にも気づいていませんが、おそらく潜在意識に効果があるのでしょう。赤いユニフォームを着たサッカーチームの方が、他の色のチームよりも多く勝つ、という話を以前読みました）

To be sure. Bright colours *energise* me while dark colours bring me down. I always find black a little *funereal*. Why do so many people wear black suits?

（確かにそうです。明るい色を見ると元気になりますし、暗い色を見ると気分が下がります。黒は暗い感じがします。なぜ多くの人が黒いスーツを着ているのでしょう）

第2章 Exercise 04 解答解説

役に立つ語句・表現

- □ **subconscious** 潜在意識の
- □ **kits** スポーツのユニフォーム
- □ **energise** 元気をくれる
- □ **funereal** 陰うつな

・**How important is the colour of a smartphone to you?**
（あなたにとって、スマートフォンの色はどれくらい大切ですか）

Sample Answers　Track 145

▷ Very. A smartphone isn't just a device, it's also a fashion accessory, so it needs to go with the rest of my outfit.
（とても大切です。スマートフォンはただの機械ではなく、ファッションのアクセサリーでもあります。なので、他の持ち物と合わせる必要があります）

▷ It's pretty important. Smartphones are expensive, so you want them to look good as well as work well.
（非常に大切です。スマートフォンは高価なものなので、便利に使えるということだけでなく見栄えもよくあってほしいです）

▷ It's just one of several elements, such as price, size, and ease of use.
（要素の1つです。例えば、値段・サイズ・使いやすさといったものと同じです）

▷ I don't think about it. For me, a smartphone is all about function, not about looking good.
（考えたことがありません。私からすれば、スマートフォンで大切なのは機能であって、見栄えではありません）

解説

　答えはそれぞれ、スマートフォンの色の重要度を述べた上で、スマートフォンを買う際に選ぶ理由を挙げています。色だけではなく、スマートフォンを買う際の大切な要素を挙げていけば、色そのものの話をする難しさを避けつつ、質問に答えることができます。

Sample Answers Track 146

▷ It's key. Having a phone in an ugly colour is a *deal-breaker*! If I'm spending *upwards of* 50,000 yen on a phone, it has to look fantastic.

（大切なものです。変な色のスマートフォンを持っていると、交渉事がうまくいかなくなります。50,000円以上お金をかけていますから、素敵に見えなくては困ります）

▷ It's *irrelevant*. Smartphones are just small computers that also have a phone function. They're no big deal. Why do people care so much about them? I think the whole thing is *overhyped*.

（まったく大切ではありません。スマートフォンは電話機能がある小さなコンピューターにすぎません。大したものではありません。なぜ人はそんなにスマートフォンを気にするのでしょうか。すべてにおいて騒がれすぎだと思います）

┌─ 役に立つ語句・表現

☐ **deal-breaker**　取引を失敗させるもの

☐ **upwards of**　〜以上

☐ **irrelevant**　まったく重要ではない

☐ **overhyped**　過剰宣伝の

• **Have you always liked the same colours?**
　（同じ色がずっと好きですか）

Sample Answers Track 147

▷ No. When I was younger I wore brighter colours but these days I prefer darker ones, like navy blue or chestnut brown.

（いいえ。小さいとき、私は明るい色を着ていましたが最近は落ち着いた色が好きです。例えばネイビーブルーやチェストナットブラウン［栗色］です）

▷ As a child I liked red and yellow, but now I tend to dress in blue or black, so yes, my tastes have changed.

（子供の頃は赤や黄色が好きでしたが、今は青や黒を着ることが多いです。なので、好みは変わっています）

▷ Pretty much. I liked greens and browns when I was a teenager, and I still do. You might notice that the shirt I'm wearing now is also green.

（本当にそうです。10代のとき、緑や茶色が好きでした、そして今でもそうです。お気づきかもしれませんが、今着ているのも緑です）

▷ I really don't remember. When I was small I just wore whatever my mother put out for me. I was only interested in playing in those days!

（あまり覚えていません。小さいとき、私は母が選んだものなら何でも着ていました。そのときは遊ぶことだけに興味がありました）

解説

どの答えも、色がどれだけ大切かを述べた上で、過去と現在の色の選び方を比較しています。

レベルアップ表現に挑戦！

Sample Answer　Track 148

▷ I've always been *drawn towards pastel shades*. I liked them when I was younger and I still like them today.

（いつも淡い色に魅かれています。若いとき、そういう色が好きでしたし、現在でもそうです）

▷ When I was younger, I threw on my clothes *any old how* without caring how I looked, and the colours would often *clash*. Nowadays, I like to look presentable, and that includes harmonising colours.

（小さいとき、どのように見えるかまったく考えないで洋服を着ていたので、色が合っていないことがよくありました。今では、きれいにみえるようにしていて、色の合わせ方にも気を使っています）

役に立つ語句・表現

□ **drawn towards**　～に魅きつけられる
□ **pastel shades**　淡い繊細な色
□ **any old how**　決まりを考えない、雑に、適当に

□ **clash**　衝突する、調和しない

Language Activity

A)～J) の表現の意味を、それぞれ 1)～10) から選んで、空所に記入しなさい。

A) **loud**
B) **funereal**
C) **drawn towards**
D) **irrelevant**
E) **clash**
F) **subconscious**
G) **pastel shades**
H) **extrovert**
I) **energise**
J) **overhyped**

1) **acting on the part of the mind below the conscious**
2) **not important at all**
3) **too brightly coloured**
4) **soft and delicate colours**
5) **attracted by**
6) **a very sociable person**
7) **looking sad and depressing**
8) **gives you vitality**
9) **exaggerated claims made about something**
10) **look ugly or unharmonious together**

A) _____ B) _____ C) _____
D) _____ E) _____ F) _____
G) _____ H) _____ I) _____
J) _____

答 A)→3) ／ B)→7) ／ C)→5) ／ D)→2) ／ E)→10) ／ F)→1) ／ G)→4) ／ H)→6) ／ I)→8) ／ J)→9)

□ 1) 意識より下の部分に作用する
□ 2) まったく大切ではない
□ 3) 明るすぎる色
□ 4) 柔らかく繊細な色
□ 5) 魅かれる
□ 6) とても社交的な人
□ 7) 悲しく、落ち込んで見える
□ 8) 元気を与える
□ 9) 物事を大げさにとらえる
□ 10) 醜く見える、互いに不釣り合いに見える

1)～8) の空欄に A)～J) の表現を入れなさい。

Colours can have interesting effects on people. We do not always realize that they are affecting us, so their effect can be 1)____. For example, if someone wears bright colours, especially when those colours 2)____ so that you feel you want to look away, we assume that this person is an 3)____, and maybe is someone who doesn't care deeply about fashion. On the other hand, we think that a person who wears 4)____ has a delicate sensibility. We tend to be 5)____ these colours because they relax us, and we often choose them for the walls of our rooms. As for black, some people see it as fashionable and others as 6)____. Colours can also affect how we perform. Colours such as red can 7)____ us and make us do well in the sports ground while blue calms us down. Among men, about one in thirty people is colour-blind, and these people find the colouring of trains on the subway 8)____. Instead of looking for a red or green train, they will carefully check the timetable.

1) _____   2) _____   3) _____
4) _____   5) _____   6) _____
7) _____   8) _____

答 1)→F) ／ 2)→E) ／ 3)→H) ／ 4)→G) ／ 5)→C) ／ 6)→B) ／ 7)→I)
／ 8)→D)

訳：色は人に面白い効果を与えることがあります。いつもは気が付きませんが、色は私たちに影響を与えていて、その影響は潜在的なものになりえます。例えば、誰かが明るい色を着ていて、しかもその色が合っておらず、目を反らしたくなるとき、その人のことをとても社交的な人で、おそらく、あまりファッションを深く考えていないと思うでしょう。一方、淡い色を着る人は、繊細な感覚を持っていると思うでしょう。私たちはこのような色（淡い色）に魅かれる傾向にあります。こういう色を見るとリラックスするからです。なので、私たちはよく、淡い色を自分の部屋の壁に選びます。黒について言うと、おしゃれだという人もいれば、陰鬱だという人もいます。色は私たちの行動にも影響を与えます。赤のような色は、私たちを活

気づけ、スポーツの場面ではパフォーマンスを上げてくれます。一方、青は私たちを落ち着かせます。男性については、約30分の1の人に色覚異常があり、そういった人にとっては、地下鉄の色分けはまったく意味がありません。赤い電車・緑の電車を探すのではなく、時刻表をしっかり確認するでしょう。

Track 149

Describe a difficult exam that you took.

You should say:

- what subject it was in
- how you prepared for the exam
- how you felt during the exam

and what you did when the exam was over.

Exercise 05
解答解説

　このトピックについて、1～2分間話すことが求められます。まずは1分間で話す内容を考えます。希望があれば、メモを取ってもかまいません。

　必要ならば、次のテンプレートを使いましょう。

When I was ＿＿＿, I took a ＿＿＿ exam. I prepared for the subject by＿＿. Every night, I ＿＿. During the exam, I felt ＿＿. After it was over, I ＿＿.

(私が＿時期＿のとき、＿科目＿のテストを受けました。その科目のために、＿方法＿をして準備をしました。毎晩、私は＿行動＿をしました。テストの間、私は、＿感情＿を感じました。テストが終わったとき、私は、＿行動＿をしました)

Describe a difficult exam that you took.
(あなたが受けた難しいテストについて話しなさい)
You should say: (言うべきことは)
・**what subject it was in** (何の科目だったのか)
・**how you prepared for the exam** (どのように試験の準備をしたのか)
・**how you felt during the exam** (テストの間、どのようなことを感じたか)
and what you did when the exam was over.
(そして、テストが終わったとき、あなたは何をしたのか)

Exercise 05 の解答例です。下記の A)〜F) の表現を使って、1)〜6) の空欄を埋め
なさい。

1)_____ a history exam I took when I was sixteen. Now, I always enjoyed the
stories in history, but I could never remember the names and the dates—who
won such-and-such a battle, and who was the emperor in such-and-such an
era. I often thought, 'Why do we need to know so many dates'? It didn't seem
necessary, but the exam questions would ask for the dates regardless of what I
thought! I'd often lost marks in the past because I couldn't recall them.

2)_____ , I was determined not to be caught out. I made a list of all the dates and
thought up ways to remember them that would stick in the memory. 3)_____ , in
Japan a very important battle called the Battle of Sekigahara took place in 1600
shortly before the beginning of a long period of peace called the Edo era. Well,
I was sixteen years old and my little brother was three, so I thought, 'Sekigahara
is my age plus two zeros' and since the Edo era began in 1603, I thought, 'That's
my age followed by my brother's.'

4)_____ give me confidence and calm my nerves, so I slept well the night
before the exam and felt relaxed going into it. As a result, I performed much
better than I would have done otherwise. 5)_____ , I went straight back home to
prepare for the next exam. Once all the exams were over, I went out to karaoke
with my friends. We had a great time and stayed out till late.

6)_____ , I did well in this history exam and have prepared for every exam
since in the same way. It's the secret to my success!

A) **incidentally**
B) **this preparation helped**
C) **this time around**
D) **I'd like to talk about**
E) **after the exam finished**
F) **for example**

1) _____ 2) _____ 3) _____
4) _____ 5) _____ 6) _____

答 1)→D)／2)→C)／3)→F)／4)→B)／5)→E)／6)→A)

Track 150

- ☐ **A)** ところで
- ☐ **B)** この準備のおかげで
- ☐ **C)** 今度は
- ☐ **D)** 〜について話します
- ☐ **E)** テストが終わった後
- ☐ **F)** 例えば

訳：私が16歳のときに受けた歴史の試験の話をします。ええ、歴史の話はいつも楽しんでいましたが、人の名前や年代を覚えることがまったくできませんでした。誰が、何の戦争で勝利したのか。どの時代に、誰が皇帝だったのか。私はよく「なぜ、こんなにたくさんの年号を覚えなければいけないのか」と思っていました。必要だとは思っていませんでしたが、私が何を考えていようと関係なく、試験では年号が問われるものです。思い出すことができず、以前はよく評点を落としていました。

　今度は、弱点を突かれないようにしようと決心しました。年号のリストを作って、暗記したことを思い出す方法を考え出しました。例えば、1600年に日本では関ヶ原の戦いという大きな影響を及ぼした戦いが起きました。それは、江戸時代と呼ばれる長く安定した時代が始まる直前のことです。さて、私が16歳で弟が3歳だったので、「関ヶ原は、私の歳にゼロを2つ足したもの」と覚えました。そして江戸時代が始まったのは1603年なので、「私の年に弟の年齢を加えたもの」と覚えました。

　このように準備したことで、私は自信がついて落ち着きました。なので、テストの前の夜はぐっすり眠り、リラックスしてテストに向かいました。結果、私はその方法を使わなかったときよりも、ずっとよく問題を解くことができました。テストが終わった後、まっすぐ家に帰って次のテストの準備をしました。全部のテストが終わった後、友達とカラオケに行きました。楽しい時間を過ごし、遅くまで外にいました。

　ところで、私はこの歴史のテストでいい成績を取ることができました。それ以来同じ方法でテストの準備をしています。これが私の成功の秘訣です。

- **Do you generally enjoy taking exams?**
  (いつもテストを楽しんでいますか)

Sample Answers Track 151

▷ Yes, I find them quite exciting as long as I've prepared properly.
(はい。準備をしっかりしていたら、テストは面白いものだと思います)

▷ Does anyone? I don't ever want to take another exam in my life!
(誰がそうしているでしょうか。もう一生、テストは受けたくありません)

___
レベルアップ表現に挑戦！

Sample Answers Track 152

▷ I'm not *crazy about* them, but they're a fact of life, aren't they?
(そんなに好きではありません。しかし、それが人生の現実ですよね)

▷ No way! *If I never* see another exam *in my life, it'll be too soon*!
(まったく違います。これ以上テストを受けたくありません)

___
役に立つ語句・表現

☐ **be crazy about ...**　...に夢中だ

☐ **If I never see... in my life, it'll be too soon.**　決してこれ以上は経験したくない。
注：スピーチに続いて行われる質問はシンプルなものなので、長い返答をする
必要はありません。

___
解説

　このスピーチ（Language Activity）では、時間を表す表現や動詞の時制をうま
く使って、話を時系列に沿って進めています（ただし、冒頭の 'now' は、'Well'
（さて、ええ）と同じ意味です。時間の表現と誤解しないでください）。

　第1パラグラフで、当初の問題（暗記ができなくて困っていたこと）を挙げ
'always' や 'often' という表現を使って、その状況が繰り返し起きていたというこ
とを表現しています。

　第2パラグラフでは、'This time around' という表現で時期を特定し、'For example' と切り出して、具体例を挙げています。具体例を挙げることは、2分間話を続けるカギとなります。

　第3パラグラフで、出題の小項目 'how you felt during the exam'（テストの間、どう感じていたか）について触れ、結果に対する気持ちを述べることにつなげています。その後、テストが終わった後何をしたかという話に展開しています。最後は全体をまとめる文章で、話を締めくくっています。

次のパッセージを読んで、Exercise 05 の解答例で色がついた頻出表現が、他の文章でどのように使われているか確認しましょう。なお、このパッセージには 4 つ間違いがあります。見つけてみましょう。

At junior high school you need to revise dates and names to do well in an exam—who became king on *such-and-such* a day or who started such-and-such a war. I often got *caught out* because we have a terrible memory for these things. I panic and had to do yoga to *calm my nerves*. Lucky, at high school the questions were more like, 'Was Henry VIII a good or bad king?' I had to analyse the topic instead of remember stuff, and can get a good score *regardless* of whether I remembered the dates.

間違い

1) _____   2) _____   3) _____

4) _____

答

1) （誤）2 文目の we have → （正）I have

Iから始まる文章なので、一貫させなければいけない（最初の文章は一般的な話なので、一般総称のyouを使っている）

2) （誤）3 文目の I panic → （正）I would/used to panic

過去に行ったことを表すには、wouldやused toを使う

3) （誤）4 文目の Lucky → （正）Luckily

luckyは形容詞。文章の最初に置くには、副詞luckilyにしなければいけない

4) （誤）5 文目の can → （正）could

過去に起こったことなので、couldにしなければいけない

訳：中学では、テストでいい点数を取るために、年号や人物名を覚えなければなりません。どの時代に誰が王様になったのか、あるいは誰が何の戦争を始めたのか。私はよく弱点を突かれました。こういう暗記をすることが苦手だからです。パニッ

クになり、ヨガに行って落ち着かなくてはいけませんでした。幸運なことに、高校での問題は、「ヘンリー8世はよい王でしたか、悪い王でしたか」というようなもので、暗記をするよりも、トピックの分析をすることが求められました。なので、年号を覚えているかどうかにかかわらず、よい点数を取ることができました。

Track 153

Taking exams

- Do students in your country take a lot of exams?
- Do you think it would be better to have more or fewer exams at school?
- Are exams the best way to test a student's knowledge of a subject?

Testing performance in the workplace

- How can schools prepare students to succeed in the workplace?
- What do employers look for when interviewing a potential employee?
- Do you think employees perform better in a cooperative or a competitive environment?

NO TEST MATERIAL ON THIS PAGE

Taking exams　試験を受ける

・**Do students in your country take a lot of exams?**
（あなたの国の学生はたくさんの試験を受けていますか）

Sample Answers Track ● 154

▷ Yes, they do. Students study for years to take tough entrance exams for high school. We often go to cram schools in the evening to make sure that we can pass. We seem to study for tests most of the time.
（はい、受けています。生徒たちは、何年も勉強をして高校の厳しい入学試験を受けています。私たちは合格するために、毎晩塾に通っています。ほとんどの時間、試験のために勉強しているような感じです）

▷ Yes, we seem to take them all the time until we enter university, but once we get in, we can relax. By the time they get into university, students are often tired of studying.
（はい、大学に入るまでずっとテストを受けているような感じですが、いったん入ればリラックスできます。大学に入る頃には、学生は勉強するのに疲れてしまう、ということがよくあります）

解説

　1番目の答えは勉強の環境について説明し、日本はテスト中心の文化になっている様子を述べています。2番目は、試験にまつわる状況と、それに対して人がどう感じているのかを述べています。どの答えもテストの数は明らかにせず、質問を大きくとらえて答えています。この方法は、考える時間が限られた中で返答を出す際に必要なアプローチです。

レベルアップ表現に挑戦！

Sample Answer Track 155

▷ Yes, Japan tends to be *test-oriented*. The tests are often *multiple choice* and require a lot of *rote learning* from the students. Students have to go through exam hell to succeed!

（はい、日本はテスト中心になりがちです。テストは選択式が多く、学生はたくさんのことを暗記することが求められます。学生は成功するために、受験地獄を乗り切らなければなりません）

役に立つ語句・表現

☐ **test-oriented**　テストを重んじる
☐ **multiple choice**　選択肢式の
☐ **rote learning**　暗記学習

・**Do you think it would be better to have more or fewer exams at school?**
（学校で、もっと多くの試験を受けた方がいいと思いますか。それとも少ない方がいいと思いますか）

Sample Answers Track 156

▷ We should have fewer exams, without question. One set of exams a year is plenty. Actually, I'd be happy with none! Having too many exams just turns people into robots.

（少なくすべきです、疑いようがありません。1年に1回の試験で十分です。本当は、1つもなければ幸せです！　あまりにも多くの試験は、人をロボットに変えてしまいます）

▷ I'm pretty good at taking exams, so I'd like to have more. When we're not taking exams we only have to write reports and essays, and I prefer studying for exams to writing.

（私はテストを受けるのがとても得意なので、もっと多い方がいいです。テストを受けなければ、レポートやエッセイを書かなければなりません。文章を書くよりも、テスト勉強をする方が好きです）

第2章 Exercise

06 解答解説

　1番目の答えはwithout question（疑いようがない）という言葉を使って、強い姿勢を表しています。理想のテストの数（年に1回）を示した上で、テストをたくさん受けすぎるとどうなるかを述べています。2番目は、テストがなくなるとどうなるかを想像した上で、テストを受ける方がいいと結論を述べています。

　繰り返しの指摘になりますが、時間をかけて深い内容の答えを出すよりも、テストが少なくなる、多くなるということへの大まかな印象から答えを出しましょう。

レベルアップ表現に挑戦！

Sample Answer　Track 157

▷ Schools are like endless *conveyor belts* that turn out *cookie-cutter* students whose only skill is to be good at *swotting* for exams! When these students are *turned loose* in the real world, they don't know what to do because they lack life skills. They should be learning these skills at schools instead of constantly taking exams.

（学校というのは終わりのないベルトコンベヤーのようなもので、テストでいい点数が取れるように勉強するスキルしか持っていない生徒だけを生み出しています。このような学生が現実の世界に出たとき、何をしたらいいかわからないのは、生きていくスキルが欠けているからです。学生は、学校でテストを受け続けるのではなく、そういったスキルを学ぶべきです）

役に立つ語句・表現

☐ **conveyor belt**　ベルトコンベアー

☐ **cookie-cutter**　絞切り型の

☐ **swot**　懸命に勉強する

☐ **turn loose**　やりたいことができるように自由にする

• Are exams the best way to test a student's knowledge of a subject?

（テストは、生徒が持つ科目の知識を確かめるのに一番いい方法だと思いますか）

Sample Answers Track 158

▹ I've never really thought about it. Well, yes, I suppose so because the school needs to know objectively how good the students are. If they're not tested, how can the school know if they are good or not?

（そういうことを考えたことが一度もありませんでした。えぇ、多分そうだと思います。なぜなら学校は客観的に生徒がどれくらい能力があるか知る必要があるからです。もし学生がテストされなければ、学校はどうやって学生が優秀かそうでないのかを、知ることができるでしょうか）

▹ I don't think so. Exams only show how good you are at memorizing information. They don't show how much imagination you have. Also, they test how good you are at thinking under pressure, but not all jobs require you to do that.

（そうは思いません。試験は、どれだけ情報を覚えられるかを表すだけです。どれだけの想像力を持っているかはわかりません。また、テストはプレッシャーの下でどれだけ考えられるかを確かめるものですが、すべての職業にその力が必要だというわけではありません）

> 解説

　3つで1セットになっている質問のうち、最後の質問は若干、抽象的なものになります。1番目の答えは、I've never really thought about it.（考えたことがなかった）と始め、時間を稼いでから、試験の基本的な目的について述べています。2番目は試験の目的を示した後で、その目的を否定しています。

> レベルアップ表現に挑戦！

Sample Answer Track 159

▹ I think exams are useful for schools but a lot of clever people can *fall through the cracks*. Some might have *dyslexia*, and others have original ways of thinking that just don't show up in exams. Exams are not *the be-all and end-*

all of a person's ability. We need to consider a person's value *holistically* rather than through a number on an exam ranking.

（試験は、学校にとっては便利なものだとは思いますが、多くの賢い人が見逃される可能性があります。読むことに障害がある人［ディレクシア］もいれば、テストには表れない独特の考え方を持った人もいます。テストは個人の能力において一番重要なものではありません。個人の価値というものはテストの順位に頼らず、総合的に考える必要があります）

役に立つ語句・表現

- [ ] **fall through the cracks**　何かが（Sample Answersでは人）が見過ごされる、あるいは取り残される
- [ ] **dyslexia**　失読症（知力があるにもかかわらず、読むことができない障害）
- [ ] **the be-all and end-all**　最重要事項
- [ ] **holistically**　全体的に

Testing performance in the workplace　職場での業績を評価する

· **How can schools prepare students to succeed in the workplace?**
（学生が職場で活躍するために、学校はどのような準備をさせるべきだと思いますか）

Sample Answers　Track 160

▷ They can invite working people to talk to the students. Once a month or so, a police officer, nurse or factory worker could give a short presentation and the students could ask questions. Then the students would know more about the kind of work they want to do in the future.

（学校は、実際に働いている人を招いて学生と話をさせることができます。月に1回ほど、警察官、看護師、工場労働者が短い話をして、学生が質問をする、という感じです。そうすれば、学生は将来どんな仕事がしたいかがわかるようになるでしょう）

▷ They should teach practical skills that the students will need in the future, like how to type, use a spreadsheet, and give PowerPoint presentations. That would be more useful than learning how to read ancient literature.

（学校は、将来学生が必要とする実用的なスキルを教えるべきです、例えばタイプの仕方、表計算ソフトの使い方、またパワーポイントのプレゼンテーションのやり方などです。古代文学の読み方を学ぶよりはずっと役立つはずです）

解説

1番目の答えは1つの案を挙げた上で、その具体例を示してその成果を説明しています。2番目は具体例を続けて挙げ、なぜその考えが望ましいのか理由を述べています。

レベルアップ表現に挑戦！

Sample Answer　Track 161

▷ Once the students enter the world of work, they will have to become *assertive* and *put themselves forward* in order to become a success. They'll need to lead teams and negotiate, so communications skills are *paramount* in all *walks of life*.

（学生がいったん仕事の世界に入れば、自信を持って自ら進んで行動し、成功を目指すことになります。チームを率いて、交渉を行うことが必要となるでしょう。したがって、どの場面でもコミュニケーションスキルが最も重要です）

役に立つ語句・表現

☐ **assertive**　自信のある
☐ **put oneself forward**　率先して物事を行う
☐ **paramount**　最も重要な
☐ **walk of life**　様々な職業や社会的な地位

- **What do employers look for when interviewing a potential employee?**
（応募者を面接する際に、雇用者側は何を求めていると思いますか）

Sample Answers　Track 162

▷ They want to see someone who is dressed smartly. I've heard that interviewers always look at an interviewee's shoes. If the shoes aren't shined well, that shows that the candidate is careless. If they are careless in little things, they might be careless in big things as well.

（雇用者は小ぎれいな服装をしている人に会いたがっています。私が聞いたところによると、面接官は面接を受けている人の靴を見ているそうです。もし、靴がきれいでなければ、その志望者は注意が足りないということになります。小さなことに不注意だとすれば、大きいことに対しても不注意かもしれません）

▸ They look for someone who is willing to dedicate themselves to the company. In Japan, companies train their workers a lot so they need serious people who are willing to commit themselves to a lot of hard work.

（雇用者は、会社に打ち込む意思がある人を求めています。日本では、会社は労働者に対し多くの訓練をします。なので、激務に自分の身を捧げようとする熱心な人を必要としています）

解説

1番目の答えは、大まかな考え（小ぎれいな格好をしている人が求められる）を示してから、1つの観点（志望者の靴）に着目し、なぜその観点が重要なのかを説明しています。2番目もまた、大まかな考え（一生懸命働く人が求められる）を述べてから、その考えが妥当と言える理由を説明する形で答えを膨らませています。

レベルアップ表現に挑戦！

Sample Answer Track ◉ 163

▸ The employer will have a set of *CVs as long as his arm*, and most of them will look pretty similar. The employer will be looking for someone who *stands out from the crowd*, someone who is *sui generis*.

（雇用者はとても長い履歴書をたくさん束で持っていますが、そのほとんどは非常に似たり寄ったりのものでしょう。雇用者は他の人に比べて目立つ人、独特な人を探しているはずです）

役に立つ語句・表現

☐ **CV** curriculum vitaeの略。ラテン語で「経歴書」。アメリカ英語ではresume

☐ **as long as his/her arm** 長々しい

☐ **stand out from the crowd** 傑出する

☐ **sui generis** ラテン語で「独特の」意味（この表現を正しく使うことができれば、試験官の印象に残るはずです！）

- **Do you think employees perform better in a cooperative or a competitive environment?**
（従業員は、協力的な環境と競争的な環境とでは、どちらの方が活躍できると思いますか）

Sample Answers　Track ◉ 164

▷ I think cooperative environments are more successful. People can reach their full potential when they work together in a relaxed way. Competitive environments are stressful and people are afraid to make mistakes.
（協力的な雰囲気の方がよりいい結果を生むと思います。人はリラックスしたやり方で、他の人と共に働いた方が自分の能力を発揮できます。競争的な雰囲気はストレスが多く、間違いを犯すのを恐れます）

▷ I think competitive environments are better. Competing against people encourages you to give your best all the time. When people stop competing, they relax too much and become lazy.
（競争的な雰囲気の方がよいと思います。人と競争すると、いつもベストを尽くそうという気持ちになります。競争をやめれば、気が抜けすぎて怠けるようになります）

解説

　1番目の答えは、どちらがいいかという立場と具体例を挙げた上で、もう一方の選択肢への反対意見を述べています。2番目も自分の立場とその理由を述べた上で、逆の意見について反対の理由を述べています。

Sample Answer　Track 165

▷ It depends on the company. In high-pressure areas like *FOREX trading*, the environment has to be competitive, or *Darwinian*. You only want to hire the best people, and *only the fittest survive*. In caring professions like nursing, it is essential that people communicate freely *for the good of* the patient. In these areas, people have to be more cooperative. Most jobs require a balance between the two.

（会社によると思います。外国為替取引のような重圧の多い業種は競争的、また適者生存の場であるべきです。そのような会社では、最高の人を雇うことを望みますし、また業種に適した人だけが生き残ります。看護のような福祉専門の現場では、患者の利益のために、進んでコミュニケーションを図ることが不可欠です。このような分野では人は協力的であるべきです。ほとんどの仕事は、競争的・協力的の２つのバランスが必要です）

┌─ 役に立つ語句・表現

☐ **FOREX trading**　外国為替取引

☐ **Darwinian**　ダーウィン主義的な、適者生存型の

☐ **only the fittest survive**　一番強く、最も仕事に適した人だけがその場に残る

☐ **for the good of**　〜の利益のために

Language Activity

次の単語・イディオムの意味を選択肢 A)〜C) から選びなさい。

1) the be-all and end-all
   A) the final point
   B) the sole purpose
   C) a minor point

2) holistic
   A) looking at how parts interact to make a whole
   B) a structure that has many holes to let the air in
   C) a sacred place such as the interior of a church

3) rote learning
   A) doing sums with no calculator
   B) analysis through essay writing
   C) memorizing through repetition

4) dyslexia
   A) a reading disorder
   B) a medical problem
   C) disagreement

5) Darwinian
   A) fiercely competitive
   B) gentle and helpful
   C) scientific thinking

6) sui generis
   A) common
   B) unique
   C) dominant

1) _____ 2) _____ 3) _____
4) _____ 5) _____ 6) _____

答 1)→B)／2)→A)／3)→C)／4)→A)／5)→A)／6)→B)

1)
☐ **A)** 最後のポイント
☐ **B)** 唯一の目的
☐ **C)** 小さなポイント

2)
☐ **A)** それぞれの部分が相互作用し、全体を成り立たせている様子に注目する
☐ **B)** 空気が入るように穴が開いた構造
☐ **C)** 教会の内部のような神聖な場所

3)
☐ **A)** 計算機なしで足し算をする
☐ **B)** エッセイを書く中で分析をする
☐ **C)** 繰り返し暗記する

4)
☐ **A)** 読むことに対する障害
☐ **B)** 医療的な問題
☐ **C)** 反対

5)
☐ **A)** 激しい競争
☐ **B)** やさしく助けになる
☐ **C)** 科学的思考

6)
☐ **A)** 共通の
☐ **B)** 変わっている
☐ **C)** 支配的な

Exercise 07 Part 1

Track 166

Food

- What type of food do you like to eat?
- Where is your favourite place to eat?
- Who do you like to eat with?
- How important is it for a family to eat together?

Seasons

- Which season do you like best?
- If you had to spend all year with only one season, which season would you choose?
- Do you think the seasons affect your mood?
- In the place where you live, which season would you like to change?

受験者は、住所や仕事・学業について聞かれた後、試験官から2つの身近なトピックについて質問されます。

Food　食べ物

┌─ 頻出表現

Taste　味

　　hot, spicy（辛い）／refreshing（さっぱり）／salty（しょっぱい）／sweet（甘い）／bland（刺激がない、優しい味）

Cuisine　料理

　　Japanese（和食）／Chinese（中華）／French（フランス料理）／Italian（イタリア料理）／Tex-Mex（テキサス風メキシコ料理）

Seasoning　調味料：

　　salt（塩）／pepper（胡椒）／soy sauce（醤油）／Tabasco sauce（タバスコソース）

Health　健康

　　high-calorie, low-calorie（カロリーが高い・低い）／healthy（健康的な）／unhealthy（健康に悪い）／junk food（ジャンクフード）／processed food（加工食品）

・**What type of food do you like to eat?**
　（どんな種類の料理を食べるのが好きですか）

Sample Answers Track 167

▷ I love Japanese home cooking. My mum is the best cook I know. Every night I eat fish with pickled vegetables, miso soup, and rice. It's a healthy diet!

（日本の家庭料理が好きです。私の母は私が知る中で最高のコックです。毎晩、私は魚とお漬物、味噌汁と米飯を食べています。健康的な食事です！）

▷ I like spicy food. My favourite is Indian food, but I also like Korean and Thai. Most Japanese people can't eat very spicy food, but I love it!

（私は辛い食べ物が好きです。私が好きなのはインド料理ですが、韓国料理やタイ料理も好きです。ほとんどの日本人はとても辛い料理は食べられませんが、私は大好きです）

▷ I prefer Italian food. I'm a big fan of spaghetti, especially spaghetti Bolognese. I love pizzas, too.

（イタリア料理が好きです。私はスパゲッティに目がありません。特にスパゲッティボロネーゼが大好きです。ピザも好きです）

▷ I'm a vegetarian. I like a good salad or a ratatouille. There aren't many vegetarian restaurants in Japan so I cook most of my own meals at home.

（私は菜食主義者です。美味しいサラダやラタトゥイユが好きです。日本にはベジタリアンレストランがあまりないので、ほとんど家で自分の食事を料理します）

解説

最初の2つの答えは好きな料理のタイプを答え、具体的な料理名を挙げています。3番目は、イタリア料理→スパゲッティ→ボロネーゼのように、大まかな考えからスタートし、内容を具体的に絞りながら話を進めています。4番目は野菜料理が食べられる環境について述べています。

レベルアップ表現に挑戦！

Sample Answer Track 168

▷ I enjoy just about any kind of cuisine—French, Italian, Chinese, *you name it*. You could say I'm an *omnivore*. I *have* pretty *catholic tastes*. I must say, though, that I *draw the line at* raw horse meat—it's not for me!

（どんな種類の料理でも楽しみます——フランス料理、イタリア料理、中国料理、何

でもいいです。私は雑食動物だと言えます。私は本当にどんなものでも食べます。ただ馬刺しだけは別です。あれはだめです）

☐ **you name it**　どんなものでもかまわない

☐ **omnivore**　雑食性動物、何でも食べる人。対照的なのはcarnivore（肉食動物）やherbivore（草食動物）

☐ **have catholic tastes**　何でも受け入れる（大文字で始まるCatholicは宗教を表す。それと異なり、小文字で始まっていることに注意）

☐ **draw the line at**　〜が我慢の限界だ（つまり、それ以上は拒む）

· **Where is your favourite place to eat?**
（食事をするのにお気に入りの場所はどこですか）

Sample Answers　Track 169

▷ It's a restaurant called Otoya. You can get a mix of brown and white rice as well as plenty of vegetables.
（オトヤというレストランです。たくさんの野菜はもちろん、玄米と白米が混ざった米飯を食べることができます）

▷ I like the noodle place near my station. It's quick and cheap, and the chef is a friendly guy.
（駅の近くの蕎麦屋が好きです。早くて安いですし、シェフはフレンドリーな人です）

▷ I don't really have a favourite. I like to have lunch at a different place each day, depending on my mood.
（特にお気に入りの場所はありません。気分によって日ごとに様々な場所でランチを食べたいです）

▷ At home. I love cooking, and my flat is warm and comfortable. What's not to like?
（自宅です。料理をするのが好きですし、アパートは暖かくて居心地がいいです。好きじゃない理由がありません）

解説

1番目の答えは、特定のお店の名前を挙げた上で、そこでどのような料理が出されているのか具体的に述べています。2番目は場所とその特徴を説明しています。3番目は漠然とした考え（特にお気に入りの場所はない）から始まっていますが、それに続けて、具体的な場所を挙げない理由を述べています。4番目は場所（自宅）とその場所が好きな3つの理由を個々に挙げています。

レベルアップ表現に挑戦！

Sample Answers Track 170

▷ I like to *ring the changes*, so I go to different places. I'm *on a tight budget*, so my one criterion is that it must be cheap.

（趣を変えるのが好きで、いろんな場所に行きます。予算が限られているので、私の基準は、安いということになります）

▷ When I'm *flush with cash*, usually on payday, I *splash out* on a high-end sushi place I know, but by the end of the month I'm eating at a noodle store!

（お金がたくさんあるとき、大体給料日に、馴染みの高級すし店で大金を使います。でも月末は蕎麦屋で食事をしています）

役に立つ語句・表現

☐ **ring the changes** （楽しいものにするために）趣向を変える
☐ **on a tight budget** 予算が厳しい
☐ **flush with cash** 景気がいい
☐ **splash out** 気前よく浪費する

・**Who do you like to eat with?**

（誰と食事をしたいですか）

Sample Answers Track 171

▷ I love to go to a restaurant with my girlfriend/boyfriend. We usually eat out together about once a week.

（私のガールフレンド／ボーイフレンドとレストランに行くのがとても好きです。大体1週間に1回、一緒に外食します）

▷ I like to eat with my family. We can relax together and catch up on the latest news.
（家族と食事をするのが好きです。一緒にリラックスし、最近の話をすることができます）

▷ I like to eat with my colleagues. We go out at lunchtime and gossip about the other staff members.
（同僚と食事をするのが好きです。ランチタイムに外に出て、他のスタッフの噂話をします）

▷ Actually, I prefer to eat alone. I like to watch a good TV programme or read a book as I eat.
（実は、1人で食べるのが好きです。食べている間はテレビを見たり本を読んだりしたいのです）

┌─ 解説

最後の答え以外は食事をしたい人を具体的に挙げています。1番目の答えはどれくらいの頻度で一緒に行くのか、他の答えは、一緒に何をしているかを述べています。

┌─ レベルアップ表現に挑戦！

Sample Answers　Track ●172

▷ I'll eat with anyone—as long as the food is good, I'm not *fussy*! Most of the time I'm happy to eat alone *with my nose in a good book*.
（食事が美味しければ、誰とでも一緒に食べます。私は細かいことを気にしません。ほとんどの場合、本に没頭しながら1人で食事するのが幸せです）

▷ Ideally, I'd eat with someone who's a good *conversationalist*. Having a boring conversation over a good meal is a *criminal waste*.
（理想としては、話し上手な人と一緒に食べたいです。食事中につまらない話をするのは本当に犯罪と言っていいくらい無駄なことです）

役に立つ語句・表現

☐ **fussy**　小さなことを過度に気にする

☐ **with one's nose in a book**　読書に没頭して

☐ **conversationalist**　話のうまい人

☐ **criminal waste**　とんでもなく無駄なもの

・ **How important is it for a family to eat together?**

（家族にとって、一緒に食事をすることはどれくらい大切なことですか）

Sample Answers　Track 173

▷ Very. Mealtimes often provide the only opportunity a family has to communicate together.

（とても大切です。食事の時間に家族は共に話をする唯一の機会が得ることができます）

▷ It's pretty important. In the modern world, families need a fixed time when they can sit down and interact.

（非常に重要です。近代社会において、家族は座って互いに話をする決まった時間が必要です）

▷ It's not so important. My family doesn't eat together, but we gather around the TV at nine o'clock in the evening. Now that's important.

（大して重要ではありません。私の家族は一緒に食事はしていませんが、夜9時頃テレビの周りに集まります。その時間が大切です）

▷ Not at all. As long as we all live in the same house, we're going to see each other all the time anyway.

（まったく大切ではありません。同じ家の中で生活していれば、いつでもお互いに顔を合わせられます）

解説

　この質問は、重要さの度合いが問われています。どの答えも、この要件を満たしており、そこから彼らの周りの家族の様子を述べる形で話を展開させています。

Sample Answers Track 174

▶ Eating a meal together is the *bedrock* of family life. If that disappears, the family is in danger of becoming *dysfunctional*.

（一緒に食事をすることは、家族生活の基本です。もしそれが消えてしまったら、家族は機能不全になる危険に陥ります）

▶ In this crazy world that we live in where we're all *rushed off our feet*, it's the one time we can *touch base*.

（私たちが生きている、とても忙しくて落ち着けない狂った世界において、食事をすることは、少しの間家族と会って話ができる時間なのです）

━ 役に立つ語句・表現

☐ **bedrock** 確固とした土台、基礎

☐ **dysfunctional** 機能障害の

☐ **rushed off one's feet** 多忙な、慌ただしい

☐ **touch base** 連絡をとり合う

Language Activity

A)〜J) の表現の意味を、それぞれ 1)〜10) から選んで、空所に記入しなさい。

A) **omnivore**
B) **draw the line**
C) **tight budget**
D) **flush with cash**
E) **splash out**
F) **fussy**
G) **nose in a book**
H) **bedrock**
I) **rushed off one's feet**
J) **touch base**

1) a limit beyond which one will not go
2) meet someone for a short time to catch up
3) eats everything, including meat and vegetables
4) deeply interested in a book
5) focusing too much on small details
6) have money to spend
7) spend freely or extravagantly on something
8) no time to relax due to various demands
9) solid basis
10) have little money to spend

A) ＿＿＿＿＿　　B) ＿＿＿＿＿　　C) ＿＿＿＿＿
D) ＿＿＿＿＿　　E) ＿＿＿＿＿　　F) ＿＿＿＿＿
G) ＿＿＿＿＿　　H) ＿＿＿＿＿　　I) ＿＿＿＿＿
J) ＿＿＿＿＿

答　A)→3) ／ B)→1) ／ C)→10) ／ D→6) ／ E)→7) ／ F)→5) ／ G)→4) ／ H)→9) ／ I)→8) ／ J)→2)

- □ **1)**　人が越えられない限界
- □ **2)**　少しの時間人と会って話をする
- □ **3)**　野菜でも肉でも、何でも食べる
- □ **4)**　本に深く没頭している
- □ **5)**　小さいことを過度に気にする
- □ **6)**　使えるお金がある
- □ **7)**　何かを気前よく浪費する

1)～8) の空欄に A)～J) の表現を入れなさい。（ただし必要であれば表現を適切な形に変えること。）

When it comes to food, I usually eat very simply at home because I am on a 1)____, but just after payday, when I am 2)____, I will go out to a restaurant with my friends and 3)____. The other day, we went to a new restaurant that specialized in health food, and I was surprised to see pizza on the menu. I was still more surprised when I saw that the pizza was locust pizza! Now, I will eat pretty much anything—you can call me an 4)____—but I 5)____ at eating locusts. How can anyone eat insects? My friend said it was a new trend, and that locusts contained lots of protein and almost no fat, but I couldn't eat them. Then my friend called me 6)____! I am not! In the end, I ordered a vegan salad instead. Despite the strange cuisine, it was good to 7)____ with my friend. I am often 8)____ and don't have much chance to catch up on news.

1) _____	2) _____	3) _____
4) _____	5) _____	6) _____
7) _____	8) _____	

答　1)→C)／2)→D)／3)→E)／4)→A)／5)→B)／6)→F)／7)→J)／8)→I) (my)

訳：食べ物について言うと、私は大体、家で簡単なものを食べています。なぜならお金があまりないからです。でも、給料日の直後でお金があるときは、友人とレストランに行って気前よく大金を使います。ある日、私たちは健康な食材専門のレストランに行って、メニューにピザがあることに驚きました。さらに驚いたのは、それはイナゴのピザだとわかったときです。私は何でも食べます。雑食動物と言ってもかまいません。でも、イナゴだけは別です。昆虫を食べますか。私の友人が言うには、新しい流行りで、昆虫は高タンパクで、ほぼ無脂肪だそうです。でも私は食

べられませんでした。そのとき、友人は私を神経質だと言いました。そうではありません！ 結局、私はヴィーガン（動物を使った食材を一切使わない）サラダを代わりに頼みました。奇妙な料理のことを除けば、友人と会って話ができてよかったです。私は忙しくて、話をする機会があまりありません。

seasons　季節

頻出表現

Weather　天気

　sunrise, sunset（日の出・日の入）／cloudy（曇り）／stormy（嵐）／thunder（雷の音）／lightning（稲妻）／humid,（湿気のある）／dry（乾燥した）／changeable（変わりやすい）、constant（続く）

Mood　気分

　miserable（みじめな）／depressed（憂鬱な）／gloomy（悲観的な）／calm（落ち着いた）／lift my mood（気分を上げる）／ideal（理想的な）

・**Which season do you like best? [Why?]**
（どの季節が一番好きですか［それはなぜですか］）

Sample Answers Track 175

▷ I love spring. It isn't too hot and it isn't too cold. It's refreshing to go for walks or just generally to be outside.
（春が大好きです。暑すぎず寒すぎません。散歩をしたり、ただ外にいるだけで気持ちいいです）

▷ I like summer best. It can get hot and humid but I don't have to wear anything more than a t-shirt and shorts.
（夏が一番好きです。暑くて湿度が高くなりますが、Tシャツとパンツ以外着る必要がありません）

▷ Autumn/Fall is my favourite season. The leaves change colour and the heat of summer has diminished.

（好きな季節は秋です。葉っぱの色が変わり、夏の暑さがなくなります）

▸ Winter is the best time. I love winter sports, especially skiing, and I can wear fashionable winter jackets. I don't mind the cold at all.

（冬が一番いいです。私はウィンタースポーツ、特にスキーが大好きですし、おしゃれな冬用ジャケットを着ることができます。寒さはまったく気にしません）

┌─ 解説

　解答はそれぞれ好きな季節を挙げて、その季節で起きることやできることを説明しています。2番目と4番目は季節のマイナス部分についても述べています（暑くて湿度が高くなる／寒さは気にならない）

┌─ レベルアップ表現に挑戦！

Sample Answers Track ⊙ 176

▸ Each season *has its charms*, but if I had to choose I would *opt for* spring. Spring is full of possibilities and optimism, and the temperatures are just right.

（どの季節にも魅力があります。でも私は春を選ばざるをえません。春は可能性と楽観的な気分があふれていますし、気温もちょうどいいです）

▸ In my opinion, summer is best. I love *sultry* weather. The outdoor pools open and you can *cool off* in the summer heat.

（私の考えでは、夏が最高です。暑くて湿度が高い天気が大好きなのです。屋外プールがオープンしているので、夏の暑さの中でも涼むことができます）

┌─ 役に立つ語句・表現

☐ **have one's charms**　魅力がある
☐ **opt for**　選択する
☐ **sultry**　蒸し暑い
☐ **cool off**　涼む

- **If you had to spend all year with only one season, which season would you choose?**

（1つの季節で一年間ずっと過ごさなければならないとしたら、どの季節を選びますか）

Sample Answers　Track 177

▷ I would choose spring. That way the weather would always be refreshingly cool, and I could go for long walks without getting cold or too sweaty.

（春を選びます。天候がいつも爽やかで涼しいので、寒くなったりたくさん汗をかくことなく、長い散歩をすることができます）

▷ I would choose summer. I really enjoy outdoor sports and spending time at the beach, and I'd love to do that all year round.

（夏を選びます。私はアウトドアスポーツと海岸で過ごす時間を心から楽しんでいます。一年中そうしたいです）

▷ It would have to be autumn. I would never get tired of watching the leaves change colour.

（秋です。葉っぱの色が変わるのを見るのは飽きることがありません）

▷ I'd like it to be winter. I love winter sports and I'd like the opportunity to practise them all the time.

（冬がいいです。ウィンタースポーツが好きなので、年中練習する機会がほしいです）

解説

　この質問は、if/would の仮定法が使われており、想像上の場面を聞いているので、答えも would や could を使うことが必要です。

　この質問に答えるには、話し手は想像力を働かせることが必要です。長い間黙りこまずに、好きな季節とそのとき何をしているかを答えるのがベストです。その後、その季節でどんなことをやってみたいことを付け加えていきましょう。上記の答えは、それぞれ季節を挙げて、その季節で何ができるかを説明しています。

Sample Answers Track 178

▷ I would like it to be spring all the time. It would be the perfect temperature for *rambling* and it would never get too hot. I'd be able to *have my cake and eat it.*

（どんなときでも春がいいです。丘をブラブラ歩くのに完ぺきな気温で、暑くなりすぎることは決してありません。利点を一度に手にできます）

▷ I'd like it to be summer. I'd never have to *fork out* for winter coats or shoes, and could get a *serious* tan.

（夏がいいです。私は、本当はほしくないのに、必要だからと冬のコートや靴にたくさんのお金を使いたくないですし、完ぺきに日焼けすることができるからです）

役に立つ語句・表現

☐ **ramble** ぶらぶら散歩する

☐ **have one's cake and eat it** 一挙両得だ

注：会話表現で You can't have your cake and eat it.（ケーキを食べたら、そのケーキを持つことはできない→同時に2つのことを実現することはできない）というものがある。

☐ **fork out** 渋々金を出す

☐ **serious** まともな、相当な

例：Wow, those are serious hiking boots you're wearing!

（わぁ、あなたが履いているのは本格的なハイキングブーツですね！）

・ **Do you think the seasons affect your mood? [Why/Why not?]**

（季節によってあなたの気分は影響されると思いますか。理由は何ですか）

Sample Answers Track 179

▷ I'm sure they do. Winter depresses me because I can't get enough sunshine.

（そうだと思います。日光に十分当たることができないので、冬は憂鬱になります）

▷ Yes, I do. Summer makes me irritable because it's way too hot and I find it hard to sleep at night.

（そうです。夏はとてもイライラします、なぜなら暑すぎて夜、寝苦しく感じるから
です）

▷ Perhaps they do a little. Spring refreshes me and autumn calms me down.

（少し影響されるかもしれません。春は清々しい気分に、秋は落ち着いた気分になり
ます）

▷ I don't think so. We spend most of our time indoors these days, and air
conditioning keeps the temperatures constant.

（そうは思いません。近頃はほとんどの時間を屋内で過ごしていますし、エアコンが
気温を一定にしています）

解説

　始めの2つの解答は、ある季節を挙げ、そのときどんな気分になるのか、なぜ
そうなるか、ということを述べています。3番目では理由は述べていませんが、2
つの季節を挙げ、その時期では気分が異なっていることを示しています。4番目
は、季節と気分には関係がない理由を答えています。

レベルアップ表現に挑戦！

Sample Answers　Track 180

▷ I get *SAD*—that's Seasonal Affective Disorder, which is a kind of depression—
in the winter from the lack of sunshine.

（私はSAD ——季節性情緒障害にかかります。うつ病の一種で、冬に日光が不足する
ことで起こります）

▷ I try to *counteract* this by exercising outdoors for as long as possible.

（季節からの影響を抑えるために、できるだけ長く外で運動しています）

▷ Definitely. I get *grouchy* in winter and *hyper* in summer. My moods seem to
be a slave to the weather!

（確かにそうです。冬にはひどく機嫌が悪くなりますし、夏には非常に気分が高揚し
ます。私の気分は季節の虜のようです）

- ☐ **SAD**　季節性情緒障害
- ☐ **counteract**　対抗策を取る
- ☐ **grouchy**　イライラして機嫌が悪い
- ☐ **hyper**　非常に元気な、興奮した

- **In the place where you live, which season would you like to change?**
（あなたが住んでいる場所で、変わってほしい季節はいつですか）

Sample Answers　Track ●181

▷ I'd like to make summer much cooler. It's far too hot and I have to shower twice a day.

（夏はもっと涼しくなってほしいです。暑すぎて、一日に2回シャワーを浴びなければいけません）

▷ I'd like to change winter. I don't like cold weather and would rather have a longer spring and autumn.

（冬が変わってほしいです。私は寒い天候が好きではないので、春や秋がもっと長くなった方がいいです）

▷ I don't think it's technically a season, but it's called 'the rainy season,' so it should be! I just hate it!

（正確には季節ではありませんが、「雨の季節」と呼ばれているので、季節の1つのはずです！　その季節は大嫌いです！）

▷ None of them! I'm used to the rhythm of the seasons and would like to keep them just as they are.

（ありません！　季節の周期に慣れていますし、今の状態のままであってほしいです）

解説

　ある季節に関して不快な点を挙げ、それが理由で変わってほしいと思っていると述べれば、この質問に答えられたことになります。1番目の答えは、変わってほしい季節とその理由を挙げています。2番目は季節とその理由、加えてどう変わってほしいかを述べています。3番目は 'the rainy season' が季節の1つと明確

に認められてはいないので、まずは1つの季節であると定義をしてから、その季節をどう感じているかを述べています。4番目は直接的な答えは出さず（変わってほしい季節はない）、どれも選ばない理由を示しています。

┌─ レベルアップ表現に挑戦！

Sample Answers　Track ▶ 182

▷ I hate *muggy* weather because it *saps* my energy. I would turn the temperature down a few degrees if I had the choice.
（私は蒸し暑い天候が嫌いです、なぜなら、だんだんと私の体力を奪うからです。できることなら、少しでいいから気温が下がってほしいです）

▷ I would make spring a little longer. It's the most *agreeable* season yet it seems to be *over before it's begun*.
（春がもう少し長くなってほしいです。一番心地よい季節なのに、すぐ終わってしまう感じがします）

┌─ 役に立つ語句・表現

☐ **muggy**　蒸し暑い
☐ **sap**　徐々に奪う、弱める
☐ **agreeable**　心地よい
☐ **over before it's begun**　とても早く終わる

191

A)〜J) の表現の意味を、それぞれ 1)〜10) から選んで、空所に記入しなさい。

A) **have one's charms**   1) hot and humid

B) **ramble**   2) react to something to neutralise it

C) **fork out**   3) have attractive points

D) **cool off**   4) make one slowly lose energy

E) **SAD**   5) short-tempered

F) **counteract**   6) nice

G) **grouchy**   7) forced to spend a lot of money for a good or service

H) **muggy**   8) make yourself cooler

I) **sap**   9) walk for pleasure over the hills

J) **agreeable**   10) depression brought about by lack of sunlight

A) _____   B) _____   C) _____

D) _____   E) _____   F) _____

G) _____   H) _____   I) _____

J) _____

答 A)→3) ／ B)→9) ／ C)→7) ／ D)→8) ／ E)→10) ／ F)→2) ／ G)→5) ／ H)→1) ／ I)→4) ／ J)→6)

☐ **1)** 暑くて湿度がある

☐ **2)** 何かを中和するために対応する

☐ **3)** 魅力的な要素を持っている

☐ **4)** だんだんと元気を奪う

☐ **5)** 短気な

☐ **6)** いい

☐ **7)** 商品やサービスを得るために高額なお金を使わせる

☐ **8)** 自分の体を冷やす

☐ **9)** 行楽で、歩いて丘を越える

□ 10) 日光不足が原因のうつ病

1)〜8) の空欄に A)〜J) の表現を入れなさい。（ただし必要であれば表現を適する形に変えること）

Every season is good in its own way, or you could say that every season 1)＿＿. The cool, refreshing breezes of spring are especially 2)＿＿. I must admit, though, that I find summer hard to deal with. It's unpleasantly hot and humid, and this 3)＿＿ weather 4)＿＿ my energy and affects my mood, making me 5)＿＿. I love to go 6)＿＿ in the hills, but this becomes a serious challenge in the summer heat. The one good thing about summer is that I can 7)＿＿ in the outdoor pool that is near my house. It's a public pool, so I don't have to 8)＿＿ a lot of money to become a member.

1) ＿＿＿＿　2) ＿＿＿＿　3) ＿＿＿＿
4) ＿＿＿＿　5) ＿＿＿＿　6) ＿＿＿＿
7) ＿＿＿＿　8) ＿＿＿＿

答　1)→A) (has its) ／ 2)→J) ／ 3)→H) ／ 4)→I) (saps) ／ 5)→G) ／
6)→B) (rambling) ／ 7)→D) ／ 8)→C)

訳：どの季節もよさがあるので、どの季節にも魅力があると言えます。春の涼しく清々しい風は特に心地よいものです。しかし、夏を過ごすのは厳しいと認めざるをえません。不快なほど暑く湿度が高く、その蒸し暑い気候は私の体力をじわじわと奪い、気分に影響を及ぼし、私は不機嫌になってしまいます。丘を散歩するのが好きなのですが、夏の暑さの中では、それは危険な挑戦になってしまいます。夏のよい点は、家の近くにある屋外プールで涼むことができることです。そのプールは公営なので、会員になるために高いお金を払う必要はありません。

Track 183

Describe a famous person you like.

You should say:

- who this person is
- what his or her achievements are
- what other people think of this person

and explain why you admire this person.

Exercise 08
解答解説

　このトピックについて１〜２分話すことが求められます。まずは、１分間で話す内容を考えましょう。希望すれば、メモを取ることができます。必要ならば、次のテンプレートを使いましょう。

I admire ＿＿. He/She is a ＿＿ who ＿＿. He/She won ＿＿. I will always remember ＿＿. I will never forget ＿＿. I respect this person because ＿＿. Not everyone likes this person. They say, '＿＿.' However, I think ＿＿. He/She is the most/best ＿＿ I have ever seen.

（私が素晴らしいと思うのは、＿人の名前＿です。彼／彼女は＿成果・業績など＿を手にしました。私がいつも覚えているのは、＿人がやったこと＿です。決して忘れないであろうことは＿人がやったこと＿です。私はその人を尊敬しています、なぜなら＿理由＿です。みんながその人を好きだというわけではありません。＿他の人がその人物に対して言うこと＿と言う人もいます。しかし、私は＿他の人の考えを踏まえて、思っていること＿と思います。彼／彼女は、私が見た中で最高の＿人物の職業・身分など＿です）

Describe a famous person you like. You should say:
（あなたが好きな有名人について話しなさい。言うべきことは）

- **who this person is**（その人は誰なのか）
- **what his or her achievements are**（彼／彼女がやり遂げたことは何か）
- **what other people think of this person**（他の人はその人についてどう考えているか）

and explain why you admire him or her.
（そして、なぜ彼／彼女が好きなのか）

Exercise 08 の解答例です。下記の A)〜F) から言葉を選んで 1)〜6) の空欄を埋めなさい。

I 1)＿＿ the footballer Christiano Ronaldo. He is one of the best players in the world, and has often been nominated for the Ballon D'Or. 2)＿＿ in Portugal but went on to play for Manchester United as a teenager. He teamed up with Wayne Rooney, and the partnership was so successful that Manchester United won the European cup. 3)＿＿, Ronaldo signed for Real Madrid. He had dreamed of playing for Real Madrid ever since he was a boy, and this dream has come true. 4)＿＿, he is a top goalscorer in one of the best teams in the world.

I like Ronaldo because he stands out among ordinary players. His movement is balletic, and he seems to dance with the ball. He can beat four or five players on his way to score. What's more, he has great vision and seems to be able to see where the ball will be ahead of time.

5)＿＿ Ronaldo. Some say he is boastful and inconsiderate. He also has a habit of trashing Ferraris. During his time at Manchester United, he crashed a brand-new Ferrari in a road that ran by his home. He wasn't hurt and I don't think the price of the Ferrari bothered him, but some people began to speak of him as a spoilt brat.

However, I do not care what he does in his spare time. 6)＿＿, soccer players should only be judged by what they do on the soccer pitch. Ronaldo has scored some of the most memorable goals of all time, and for this reason I admire him more than any other player.

A) **not everyone admires**
B) **today**
C) **to my mind**
D) **later**
E) **admire**
F) **he grew up**

1) _____ 2) _____ 3) _____
4) _____ 5) _____ 6) _____

答 1)→E) ／ 2)→F) ／ 3)→D) ／ 4)→B) ／ 5)→A) ／ 6)→C)

Track 184

☐ **A)** 皆が称賛しているわけではない
☐ **B)** 現在では
☐ **C)** 私にとって
☐ **D)** 後に
☐ **E)** 称賛する、素晴らしいと感心する
☐ **F)** 彼は育った

訳：私はサッカー選手のクリスティアーノ・ロナウドを称賛しています。彼は世界で最高の選手の1人で、バロンズドールに何度もノミネートされています。ポルトガルで育ちましたが、10代のうちに海外に出て、マンチェスター・ユナイテッドでプレーしました。ウェイン・ルーニーと一緒にチームをまとめ上げ、その協力関係でマンチェスター・ユナイテッドはヨーロッパカップで優勝を果たすという成功を成し遂げました。その後、ロナウドはレアル・マドリードと契約しました。彼は小さいときからレアル・マドリードでプレーするのを夢見ていて、その夢は叶ったのです。現在、彼は世界最高のチームに在籍し、得点ランキングのトップにいます。

　私がロナウドを好きなのは、他のありふれた選手の中で目立っているからです。彼の動きは可憐で、ボールと一緒に踊っているように見えます。4～5人をかわして、得点するのです。さらに、素晴らしい視野を持っていて、ボールがどこにいくのか先に見極めることができるようです。

　みんながロナウドを称賛しているわけではありません。彼は自慢屋で大した人間ではない、という人がいます。また、彼はフェラーリを乗り捨てる癖があるのです。マンチェスター・ユナイテッド時代、彼は、家のそばの道路上で、新しいフェラーリを衝突させました。彼は怪我をしなかったし、フェラーリの代金なんて彼にとって大したことがないと思います。しかし、甘やかされた子供だと言い始める人が出ました。

　しかし、私は、自由な時間に彼が何をするのかは気にしません。私からすると、サッカー選手はピッチ上の行為だけで判断されるべきです。ロナウドはいつも記憶に残る得点を挙げています。だから私は他の選手よりも彼に感心するのです。

・**Would you like to meet this person?**

（その人物に会いたいですか）

Sample Answers Track 185

▷ Of course! He's my hero. I would like to get his autograph.

（もちろんです！ 彼は私のヒーローです。彼のサインがほしいです）

▷ Not really. I like to watch him play but I wouldn't know what to say to him if we met.

（そうでもないです。私はプレーする彼を見たいのです。もし彼に会っても何を言ったらいいかわかりません）

┌─ レベルアップ表現に挑戦！

Sample Answers Track 186

▷ I don't suppose it will ever happen, but yes, that would be *a dream come true*!

（そんなことが起きるなんて思いませんが、はい、会いたいです。そうすれば私の夢が叶うことになります）

▷ I don't think so. I'm quite shy, and I think I'd just get *tongue-tied*.

（そうは思いません。私はとても恥ずかしがり屋なので、口ごもってしまうだけです）

┌─ 役に立つ語句・表現

☐ **a dream come true**　現実になった希望

☐ **tongue-tied**　口ごもった

注：スピーチに続いて行われる質問はシンプルなもので、長い返答を求めるものではありません。

┌─ 解説

　Language Activity の第1パラグラフは、時系列で、He grew up（彼が育った）、later（のちに）、today（現在は）という表現を使って過去から現在へと話が進んでいます。第2パラグラフは彼を称賛する理由、第3パラグラフでは、称賛しな

い理由が述べられています。最後のパラグラフでは、クリスティアーノ・ロナウ
ドのよい点・悪い点に対する話者の考えがはっきりと示されています。

次のパッセージを読んで、Exercise 08 の解答例で色がついた頻出表現が、別の文章でどのように使われているか確認しましょう。なお、このパッセージには 4 つ間違いがあります。見つけてみましょう。

Sports players who are very talented and *stand out* from the crowd from a younger age are over-protected by their team management, and football players are a case in point. They get paid many money and are given everything they need. They are in danger of becoming *spoilt brats*, and often grow arrogant and *boastful*. Moreover, not everyone turns out that way. Lionel Messi, who was *nominated for*, and won, the Ballon D'Or on several occasions due to his *memorable* goals, is by all accounts quite humble. Of course, we cannot believe everything we read in the medias, but I would like it to be true.

間違い

1) _____   2) _____   3) _____
4) _____

答

1) （誤）1文目の younger → （正）young
   younger は than を伴って比較級の文章で使う。

2) （誤）2文目の many → （正）large amounts of/a lot of
   money は不可算名詞なので、many を使うことはできない。many も much も否定文でも使われる。
   例：I don't have much money.（そんなにお金は持っていません）
   　　I don't have many books.（たくさんの本は持っていません）

3) （誤）4文目の Moreover → （正）However/Of course
   moreover は内容を付け加えることを示す際に用いる。ここでは、逆の内容を述べることを示す必要があるので、however とする。

4) （誤）6文目の medias → （正）media
   複数形は media になる（単数形は medium）

訳：優れた才能があり、若いうちからグループの中で目立っていたスポーツ選手は、チームのマネージャーによって過保護にされています。サッカー選手もこれに当てはまります。多額のお金が支払われ、ほしいものはすべて与えられます。彼らは甘やかされた子供になってしまう危険があり、横柄で自慢屋に育つことがよくあります。しかし、みんながそんなふうになるわけではありません。リオネル・メッシは、印象深いゴールを挙げたことで、数回バロンズドールにノミネートされ、受賞していますが、誰からもとても謙虚だと言われています。もちろん、メディアが言うことをすべて信じるわけではありませんが、本当であってほしいです。

Track 187

Becoming well-known

- What kind of people become well-known in Japan?
- What kind of people became well-known in the past?
- Will the same sort of people become well-known in the future?

Being watched by others

- What are the benefits and drawbacks of being famous?
- Does the media in your country treat famous people with respect?
- Why are so many of us interested in famous people?

NO TEST MATERIAL ON THIS PAGE

Becoming well-known　有名になる

・**What kind of people become well-known in Japan?**
（日本ではどんな人が有名になりますか）

Sample Answer　Track 188

▷ Sports stars and ice-skaters are very well-known. Everyone knows the names Kei Nishikori, the tennis player, and Yuzuru Hanyu, the ice skater. The women's football team is also popular. Politicians are also well-known, though not as popular as sports stars are.
（スポーツのスター選手やアイススケーターがとても有名です。みんなテニス選手の錦織圭やアイススケーターの羽生結弦の名前を知っています。女子サッカーチームも人気があります。政治家もよく知られていますが、スポーツのスター選手ほどではありません）

▷ Judging from what I see on television, comedians and pop stars seem to be very popular. I see these people on TV whenever I turn it on. Some of them are famous only for being cute, and seem to have little or no talent.
（テレビを見て判断すると、お笑い芸人とポップシンガーがとても有名のようです。テレビをつけるといつでもそういう人たちを見ます。中にはただかわいいから有名になっている人もいて、才能はあまりない、あるいは、まったくないように見えます）

　解説

'well-known' と 'famous' は同義語ですが、'famous' の方が 'well-known' よりもより有名だということを表します。この質問が聞いているのは、固有名詞ではなく、人のタイプなので、'Kei Nishikori is famous.'（錦織圭が有名です）と答えるだけでは間違いです。まず、人のタイプ（スポーツのスター選手）を明らかにした後、名前を挙げましょう。1番目の答えが、その形をとっています。2番目は

皮肉っぽく答えています。有名だと思われる人のタイプを挙げた上で、その現象を非難しています。

第2章 Exercise 09 解答解説

◻ レベルアップ表現に挑戦！

Sample Answer Track 189

▷ As well as the usual kinds of famous people, such as baseball players, Japan also *honours* more *cerebral* types, such as Japanese scientists who win Nobel Prizes. One of these was Shuji Nakamura, who developed the blue LED light. He was constantly *in the media spotlight*, and the media's appetite was *insatiable*.

（野球選手などの一般的な有名人と同じように、日本では知性のある人々を大きな敬意をもって注目しています。例えばノーベル賞を取った日本人科学者です。その中の1人は中村修二で青色LEDを開発した人です。彼は常にマスコミから注目されていて、メディアの関心は尽きることがありません）

◻ 役に立つ語句・表現

☐ **honour**　尊敬する
☐ **cerebral**　知的な
☐ **in the media spotlight**　メディアから多くの注目を受けている
☐ **insatiable**　満足することがない

・ **What kind of people became well-known in the past?**
（過去には、どんな人が有名になりましたか）

Sample Answers Track 190

▷ In the past, people who did traditional sports and crafts, like sumo wrestlers and writers of haiku, became famous. A haiku is a short poem with a fixed number of syllables.

（過去には伝統的スポーツや技能に携わっている人々、例えば相撲力士や俳人といった人が有名になりました。俳句は定型の音節の数で作られる短い詩のことです）

▷ In my grandparents' day, enka singers were famous. Enka is a traditional

Japanese song that is very sentimental. My grandparents know a lot of these songs by heart.

（私の祖父の時代では演歌歌手が有名でした。演歌は伝統的な日本の歌で、とても感情的です。私の祖父母はたくさんの歌をそらで憶えています）

解説

この種の質問は、前もって準備をしていないと答えるのは難しいでしょう。IELTSでは、過去や未来について想像させる問題がよく出ます。どれくらいさかのぼるかの指示はないので、自分で話しやすい時代を設定することができます。例えば、勉強したことがある、あるいは祖父母から聞いたことがある時期です。それから簡潔に詳しい話をしていきましょう。

形容詞の語順に気をつけてください。traditional（時代を表す語）よりもJapanese（由来を表す語）を名詞の近くに置きます。Japanese traditional songは間違いで、traditional Japanese songが正しい言い方です。よくある間違いなので注意しましょう。

レベルアップ表現に挑戦！

Sample Answers　Track 191

▷ I think the notion of fame, as in celebrity fame, is a *relatively* recent phenomenon. In the past, I suppose the names of the *feudal lords* and the shogun must have been known to everyone.

（有名という概念は、有名人を讃えるのと同じように、比較的最近の現象だと思います。過去には、封建時代の君主また将軍の名前はみんなに知られていただろうと思います）

▷ I think the same sorts of people were always famous. Singers and writers have been thrilling audiences for *donkey's years*—I know my parents used to love going to concerts, as I do today.

（同じタイプの人が、いつでも有名だったと思います。長年、歌手や作家が観衆をワクワクさせてきました。私の両親はかつてコンサートに行くのが好きでした。今では私がそうです）

第2章 Exercise

---

09 解答解説

役に立つ語句・表現

☐ **relatively** 比較的

☐ **feudal lords** 封建時代の君主

☐ **donkey's years** とても長い間（カジュアルな表現）

・**Will the same sort of people become well-known in the future?**

（同じ類の人が将来でも有名になると思いますか）

Sample Answers Track 192

» No, I think they'll become famous through publishing their songs and books on the Internet. This is what people are already starting to do. As Andy Warhol, said, 'In the future, everyone will be famous for fifteen minutes.'

（いいえ、インターネットで歌や本を売り出す人が有名になると思います。これはすでに始まっています。アンディ・ウォーホルが「将来、誰でも15分で有名になれる」と言ったようにです）

» I think they'll become famous through movies and the Internet, just as they do today. As the saying goes, 'The more things change, the more they stay the same.'

（映画やインターネットを通じて人は有名になると思います。つまり、現在と同じです。「物事というものは変われば変わるほど、実は変わらないものだ」ということわざの通りです）

解説

　IELTS テストでは、未来について考えさせる問題も出ます。1番目の答えは、すでに始まっているありがちな現象から想像を広げています。2番目は、未来になって起こるものではなく、すでに現在にあって、これからも連続すると考えられるものに目を向けています。両方の答えに名言・ことわざが盛り込まれており、深い印象を与えています。

Sample Answer Track 193

▷ I hope that one day we will grow *fed up with* celebrities and no one will be famous but I know that is just *pie in the sky*! We seem to be *worshipping* money more than ever before, so many *billionaires* will become famous.

（いつか、私たちは有名人に飽きて、誰も有名にならなければいいと思いますが、現実にはそうならないでしょう！　以前よりも、お金を崇拝しているようなので、お金持ちが有名になると思います）

役に立つ語句・表現

☐ **fed up with**　飽き飽きしている
☐ **pie in the sky**　実現不可能なこと
☐ **worship**　崇拝する
☐ **billionaire**　億万長者

Being watched by others　他の人に見られる

・**What are the benefits and drawbacks of being famous?**
（有名になることの利点と不都合な点は何ですか）

Sample Answers Track 194

▷ The good points are that people will listen to you if you have something significant to say. Some celebrities use this power to do good, such as Angelina Jolie, who is helping to raise awareness of breast cancer. The drawback is that the paparazzi will never leave you alone.

（いい点は、重要なことを言わなければならないときに、人が耳を傾けてくれるということです。この力を有効に使う有名人もいます。例えば、アンジェリーナ・ジョリーで、乳がんへの意識を高めるのに貢献しています。不都合な点はパパラッチが決して1人にしてくれない、ということです）

▷ One benefit is that you'll probably be rich! Another is that you can be

recognised wherever you go. Come to think of it, that is also one of the drawbacks! A lack of privacy must be the hardest thing about being famous.
（利点は、お金持ちになるだろうということです！　他にはどこへ行っても誰だかわかってもらえるということです。そのことをよく考えてみると、これは不利益にもなります。有名になってプライバシーがなくなるということは、一番つらいことに違いありません）

解説

特定の誰かを頭に置き、有名になるとはどういうことかを考えると答えやすくなるでしょう。1番目の答えはアンジェリーナ・ジョリーを例に挙げています。2番目の答えは、利点と問題点の両方を挙げていますが、利益も不利益と解釈できると別の視点について述べています。

レベルアップ表現に挑戦！

Sample Answer　Track 195

▷ Fame is a *double-edged sword*. You can enjoy the *recognition* of the public but may become *intoxicated* with your own success. When you stop being famous and no one looks at you anymore, you might be in for a *hard landing*.
（有名になることは諸刃の剣のようなものです。世間から認めてもらえると実感できますが、自分の成功に酔いしれてしまうこともあります。有名でなくなり、もはや誰もあなたのことを見なくなるとき、空から落下するように、地に落ちてしまうかもしれません）

役に立つ語句・表現

☐ **double-edged sword**　諸刃の剣
☐ **recognition**　認知
☐ **intoxicated**　酔っている、熱狂している
☐ **hard landing**　硬着陸（コントロールされずに下降し、荒っぽく地面の上に落ちること）

• Does the media in your country treat famous people with respect?

（あなたの国で、メディアは敬意をもって有名人を扱いますか）

Sample Answers Track ● 196

▷ Yes, definitely. The media is generally respectful and tends not to criticise famous people. When they are interviewed, they are asked for their opinion but not about their private lives.

（はい、その通りです。メディアは一般的に有名な人に敬意を示しており、批判はしない傾向にあります。インタビューされる際、有名人は意見を聞かれますが、個人の私生活については聞かれません）

▷ No, not at all! The paparazzi will do anything to take a picture. Sometimes they camp out in front of a celebrity's house just to get a photo of them as they leave in the morning. They could open the door in their pajamas and would still get their photo taken.

（いいえ、まったくそうではありません！　パパラッチは写真を撮るためには何でもするでしょう。ときおり、彼らは有名人の家の前でテントを張って泊まり、朝、家から出る有名人を写真に撮るのです。有名人がパジャマを着たままドアを開けたら、その姿を写真に撮ってしまうでしょう）

┌─ 解説

　すぐ答えを出すのが難しい問題です。1番目の答えは、考えを述べた後、有名人がどのように扱われているのか、一般的な話をしています。2番目は、メディアが無礼に振る舞っている様子を説明しています。話し手は、具体例を付け加えることができます。例えば、女性グループAKB48に対するメディアの扱い方です。ただ、試験官にグループのことを説明するのを忘れないでください。

┌─ レベルアップ表現に挑戦！

Sample Answer Track ● 197

▷ The media have little respect for famous people. They constantly *pry* into celebrities' private lives, and *build them up to knock them down*. They will do anything to *get their pound of flesh*. I wish I could say otherwise, but *that's how it is.*

（メディアは有名人に対してほとんど敬意を持っていません。彼らは絶えず有名人の私生活を詮索し、おだて上げたあげく、台なしにします。彼らは、得られるものすべてをつかむためには、どんなことでもします。できるなら別の言い方をしたいですが、これが現実です）

役に立つ語句・表現

☐ **pry**　のぞく、詮索する

☐ **build someone up to knock someone down**　〜をスターに仕立て上げ、台なしにする

☐ **get one's pound of flesh**　法外な要求をする（もとはシェイクスピアの『ヴェニスの商人』に出てきた表現。言葉通りでは「他の男から1ポンドの肉を要求する」）

☐ **That's how it is.**　これが現実である。

• **Why are so many of us interested in famous people?**
（我々の多くが有名人に興味を持つのはなぜだと思いますか）

Sample Answers　Track 198

▷ Ordinary people like to dream that one day they can be famous, too. People often have dull, routine lives and they can get through them more easily if they can imagine living in a big mansion and visiting celebrity friends as they sit at their desks and get shouted at by their bosses.
（普通の人は、自分もいつか有名になれることを夢見ています。人は、退屈で決まりきった生活を送っています。席に着いて、上司に叱られながらも、大きなお城に住んで有名人の友達を訪ねるという想像をすることで、そんな生活を楽に乗り越えられるのです）

▷ People want someone they can look up to and follow, and famous people tend to be role models. This can be a good thing when the famous person in question is admirable. J. K. Rowling, who wrote the Harry Potter series, gives a lot of money to charity, and it is good to follow her, if only in a small way.
（人は誰か、尊敬し付いていくことができる人を求めていて、有名な人は理想の姿に

なることがよくあります。当の有名人が尊敬できる人ならば、それはとてもいいことです。ハリーポッターシリーズを書いたJ・K・ローリングは慈善事業に多額のお金を出していますので、たとえ小さなやり方でも彼女に倣うのはいいことです）

┌─ 解説

Part 1に比べると、Part 3は長く話すことが求められます。両方の解答とも、詳しい内容になるまで話が展開されています。1番目の答えは有名人の生活を想像することが日常生活を乗り越えることにどれだけ役に立っているか、ということを述べています。2番目は、身近な経験から具体例を挙げています。

　注：mansion は寝室が20部屋ほどあるようなとても大きい家のことです。日本語のマンションとは違うので気をつけましょう。

┌─ レベルアップ表現に挑戦！

Sample Answer　Track ● 199

▷ Being interested in the lives of famous people is a form of *escapism*. Many of us live *humdrum* lives, and if we *fantasise* about being someone else we can get through them a little more easily. It's also *aspirational* because we think that by following their habits, we might become famous, too.

（有名人の生活に興味を持つということは、現実逃避の一種です。私たちの多くはありふれた生活を送っていて、他の誰かになったらと空想することで、いくらか楽に乗り切ることができるのです。また、空想することは上昇志向の表れでもあります。なぜなら有名人の習慣に習うことで、私たちも有名になることができるかもしれないからです）

┌─ 役に立つ語句・表現

☐ **escapism**　現実逃避
☐ **humdrum**　ありふれた、単調な
☐ **fantasise**　空想する
☐ **aspirational**　上昇志向の

Language Activity

次の単語・イディオムの意味を選択肢 A)〜C) から選びなさい。

1) cerebral
   A) someone who celebrates a party
   B) using the intellect rather than the senses
   C) including celery and other vegetables

2) insatiable
   A) cannot be satisfied
   B) completely full
   C) unable to sit down

3) pie in the sky
   A) eating too much at a party
   B) a difficult flying formation
   C) a wish that will never come true

4) intoxicated
   A) having consumed toxins
   B) very eager about something
   C) to poison someone

5) pry
   A) take notes at an interview
   B) join hands in prayer
   C) be too curious about someone

6) fantasise
   A) create something fantastic
   B) daydream about a desire
   C) see a phantom, or ghost

1) _____   2) _____   3) _____
4) _____   5) _____   6) _____

答 1)→B)／2)→A)／3)→C)／4)→B)／5)→C)／6)→B)

1)
□ **A)** パーティーを祝う人
□ **B)** 感覚より知性を用いる
□ **C)** セロリや他の野菜を含む

2)
□ **A)** 満足することができない
□ **B)** 完全に満杯である
□ **C)** 座ることができない

3)
□ **A)** パーティーで食べすぎる
□ **B)** 難しい飛行編成
□ **C)** 決して実現することのない希望

4)
□ **A)** 毒素を取り込んだ状態
□ **B)** 何かをとても熱望している
□ **C)** 誰かに毒を盛る

5)
□ **A)** インタビューでメモを取る
□ **B)** 手を合わせて祈る
□ **C)** 誰かに対し、過度に好奇心を持つ

6)
□ **A)** 素晴らしいものを作る
□ **B)** 望んでいることを空想する
□ **C)** まぼろしや幽霊を見る

Exercise 10 Part 1

Track 200

Holidays

- Which holiday do you like the most?
- What do you like to do during the holidays?
- Would you rather have longer or shorter holidays?
- Who do you most like to go on holiday with?

Computers

- What do you use a computer for?
- What do you like most about computers?
- How important is it for students to learn about computers at school?
- Do you think that people will still use computers in the future?

10

受験者は、住所や仕事・学業について聞かれた後、試験官から2つの身近なトピックについて質問されます。

Holidays　休暇

Activities　活動

camping（キャンプ）／fishing（釣り）／hiking（ハイキング）／sightseeing（観光）／theme parks（テーマパーク）

Accommodation　宿泊場所

hotel（ホテル）／bed and breakfast（B&B、簡易宿泊所）／chalet（別荘）／caravan（トレーラーハウス）／homestay（ホームステイ）

・**Which holiday do you like the most?**

（一番好きな休暇はどれですか）

Sample Answers　Track 201

▷ I like Golden Week the best. It's not long enough to go anywhere interesting, so everyone stays home, and I can see my friends every day.

（ゴールデンウィークが一番好きです。どこか興味があるところに行くには十分長くはないので、みんな家にいます。それで私は毎日、友達に会えます）

▷ I love the summer break. I choose a different place to travel to each year. Last year I spent two weeks in Thailand. It was very relaxing.

（夏休みが大好きです。毎年、違う場所を旅行先に選んでいます。去年はタイで2週間過ごしました。とてもリラックスした雰囲気でした）

▷ I enjoy the holidays at the end of the school year in February. I don't have to worry about exams and can just chill out.

（学期の最後の2月の休暇を楽しんでいます。試験の心配をする必要がないので、落ち着くことができます）

▷ I enjoy them all equally. As long as it's a holiday and I can relax, then I'm happy!

（どの休みも同じように楽しんでいます。休日でリラックスできるのであれば、それで幸せです！）

解説

holiday は土曜日・日曜日のことではないので注意してください。イギリス英語での holidays はアメリカ英語の vacation に近い意味です。

両方の答えとも、身近な経験をもとにしています。1番目の答えは、どこにも行かないということを答えにし、それに続けてシンプルに話を広げています。2番目は最近の休暇の過ごし方を例に挙げています。3番目は学校の休暇にまつわる状況を述べています。最後の答えは、質問に直接答えていませんが、リラックスすることを楽しみにしている、という内容で話を広げています。

レベルアップ表現に挑戦！

Sample Answers Track 202

▷ I like the New Year's break. I can slow right down and *get* my life *into perspective*. After the New Year's break I always feel *rejuvenated*.

（私は新年の休暇が好きです。生活のペースをゆるめ、自分の生き方を見つめ直し、大切なことに気が付くことができます。新年の休暇の後はいつも、若くなったような感じがします）

▷ The summer break is the best. I get to spend most of my time outdoors. *There's nothing like* camping under the stars on a summer's evening. I feel like I'm *in paradise*.

（夏休みが一番好きです。屋外でほとんどの時間を過ごします。夏の夜に星の下でキャンプをすることは、実にかけがえのない経験です。天国にいる気がします）

- [ ] **get ... into perspective**　…を総体的に見る
- [ ] **rejuvenated**　若返った
- [ ] **there's nothing like**　～ほど良いものはない
- [ ] **in paradise**　極楽気分で

・ **What do you like to do during the holidays?**
（休暇中にしたいことは何ですか）

Sample Answers　Track 203

▷ Basically, I like to relax. I watch TV, read, go to the movies, and spend time with my friends. It's important to take a break from work now and then.
（基本的にはリラックスしたいです。テレビを見て、映画に行って、友達と一緒に過ごしたいです。大切なのは、ときおり仕事の合間に休みを取ることです）

▷ I like to travel. I usually go to a country in Southeast Asia, because it's easy to go by LCC, or low-cost carrier, these days. I find a beach and spend my time swimming and eating good food.
（旅行がしたいです。いつも南西アジアの国に行きます。なぜなら最近、LCCつまり格安航空会社の飛行機で行くのが簡単だからです。ビーチを見つけて泳ぎ、美味しいものを食べて過ごします）

▷ I'm into culture, so I tend to visit museums and art galleries. I take short trips to interesting historical places like Kamakura.
（文化芸術にはまっているので、博物館や絵画ギャラリーによく行きます。鎌倉のような興味深い歴史的な場所に小旅行に行きます）

▷ I hate to admit, it but I use the time to catch up on my work/studies. I do background reading and write reports. It's not fun but at least I don't fall behind.
（認めたくないのですが、仕事／勉強の遅れを取り戻すために時間を使っています。関連書籍を読んだり、レポートを書いたりしています。面白くありませんが、少なくとも、人に遅れを取ることはありません）

218

解説

holidays は長めの休みのことで、ただの公休日ではありませんので注意。

1番目の答えは、話し手が休暇中にしている様々なことを述べています。2番目は、旅行をすることと述べた後、移動する方法や到着してからやることを説明し、話を広げています。3番目は訪れる場所として特定の地点を具体的に示しています。4番目は、話し手の休暇の過ごし方が理想的でないということを認めることから始め、いつも平日にやっていることについて話しています。

毎日の経験から簡単な例を挙げることで、十分に質問に答えることができます。そのことを頭に置いておきましょう。

レベルアップ表現に挑戦！

Sample Answers Track 204

▷ I like to find a resort, then *kick back and chill*. I'm usually *rushing around like a headless chicken* so it's important to do nothing occasionally.

（行楽地を見つけ、特に何もせずリラックスしたいです。普段は忙しく走り回っているので、たまには何もしないことが大切なのです）

▷ I usually spend it visiting *the in-laws*. My wife's family lives some distance away and we don't get much chance to see them. They're old and *frail* now, so we like to go when we can.

（いつも義理の親戚を訪ねています。私の妻の家族が遠くに住んでいるので、会う機会があまりありません。年を取って体も弱っているので、可能なときは彼らのところに行きたいです）

役に立つ語句・表現

☐ **kick back and chill**　リラックスして、特に何もしない

☐ **rush around like a headless chicken**　忙しく走り回る

☐ **the in-laws**　配偶者側の近い親戚

☐ **frail**　身体的に弱い

• **Would you rather have longer or shorter holidays?**

（休暇は長い方がいいですか、短い方がいいですか）

Sample Answers　Track 205

▷ I'd like the holidays to be as long as possible. I'd be more than happy to take a permanent vacation!
（休暇はできるだけ長い方がいいです。永久的な休暇が取れたらもっと幸せです！）

▷ I'd like longer holidays. I get a long summer break but have to spend most of it doing club activities. I'd like a couple of weeks extra just for myself.
（もっと長い休暇がほしいです。長い夏休みがありますが、ほとんどの時間をクラブ活動に費やしています。自分のためだけに、あと2週間ほしいです）

▷ I need longer holidays. Technically I should get twenty days a year but it looks bad if I take them all. I'd probably lose my job.
（もっと長い休暇が必要です。詳しく言うと、一年に20日間休暇を取らなければならないのです。しかし、もしそんなことをしたら、悪く思われるのです。仕事を失うかもしれません）

▷ To tell you the truth, I like my daily routine and I'm too busy to take holidays. They just get in the way of my research. So I guess I'd like shorter holidays.
（実のところ、普段の日常が好きですし、忙しすぎて休暇は取れません。休暇を取ると、私の研究が滞ってしまうのです。なので、休みは短い方がいいと思います）

┌─ 解説

　1番目の答えは、終わりのない休みを取りたいという願望をユーモラスに表現しています。2番目は普段の過ごし方を述べて、長い休みがほしい理由を説明しています。3番目は十分な休暇が取れない理由を述べています。最後の答えは、休暇が必要ではない理由を答えています。

　話し手はそれぞれ、実際にどれだけ休みが取れているのかという状況を説明し、それに対しどう感じているかを述べています。

┌─ レベルアップ表現に挑戦！

Sample Answers　Track 206

▷ I have an *endless appetite* for travel, so I'd like my holidays to be as long as possible. I have asked my boss for more days off, but *I'm not holding my breath!*

（私には、旅行がしたいという尽きない欲求があるので、できるだけ長い休暇がほしいです。上司にもっと休みがほしいと頼んでいますが、期待していません）

▶ I know *it's unfashionable to say so*, but I don't really enjoy holidays that much. I can't stand lying on the beach all day—*I'd rather watch paint dry*!

（変わった考えかもしれませんが、私は休暇を存分に楽しんではいません。一日中ビーチに横になるのに耐えられません。とても退屈なのです）

役に立つ語句・表現

□ **endless appetite**　果てしない欲求
□ **I'm not holding my breath.**　私は期待していない。
□ **It's unfashionable to say so.**　一般的な意見ではない。
□ **I'd rather watch paint dry**　とても退屈である（とても退屈で、フェンスのペンキが乾くのを見ている方がましだ、という例え）

• **Who do you most like to go on holiday with?**
（誰と一緒に旅行に行きたいですか）

Sample Answers　Track 207

▶ I like to go with my friends from university. We all like to do the same things and don't get into arguments. It's important to get along well with the people you travel with.

（大学時代からの友達と出かけたいです。私たちは同じことをするのが好きで、言い争うことはありません。大切なのは一緒に旅行に行く人と仲よくすることです）

▶ I like to travel with my family. I've been doing it every summer since I was a child, and even though we're now grown up, it's a tradition I want to keep.

（家族と一緒に旅行に行きたいです。子供のときからずっと、夏はいつも旅行に行っています。大きくなってからも守っていきたい習慣です）

▶ My girlfriend/boyfriend/partner. I want to take a romantic trip to Bali and stay in a resort by the beach. In fact, we'll be doing that this summer.

（私の彼女／彼氏／パートナーです。バリ島にロマンチックな旅行に行って、ビーチ

のそばにあるリゾートに滞在したいです。実は、この夏、私たちはそうする予定です）

‣ I prefer to travel alone. That way, there are no arguments about what to do or where to go. Call me selfish, but I love it!

（1人で旅行をする方が好きです。その方が、何をするかどこに行くかで口論することはありません。自分勝手と言われてもかまいません。それがよいのです！）

┌─ 解説

‘go on holiday’ には「旅行に行く」という意味があることに注意してください。西洋の国では、よく休暇に旅行へ行きます。1年のうち合計すると数週間、学期の間の休みや休暇を使って、家族で旅行に行くことはよくあります。

1番目の答えは友達との関係について、2番目は家族の習慣について、3番目は予定されている休暇について、そして4番目は1人で旅行をすると決めた背景について、それぞれ話をしています。

┌─ レベルアップ表現に挑戦！

Sample Answers Track ◉ 208

‣ I have a group of cycling *pals* that I like to travel with. We usually cycle about 50 miles a day and in the evening we camp out *under the stars*.

（私にはサイクリング仲間がいるので、彼らと一緒に旅行に行きたいです。私たちは大体一日に50マイル自転車に乗って、夜には屋外でキャンプをします）

‣ I like to go with my friend Hiroko, who is *a polyglot*. She seems to be able to communicate with people whichever country we're in. It's *a rare gift*.

（友人のヒロコと一緒に行きたいです。彼女は何ヶ国語も話せるのです。どの国にいても、彼女は人とコミュニケーションを取れるようです。めったにない才能です）

┌─ 役に立つ語句・表現

☐ **pal**　友人

☐ **under the stars**　屋外で

☐ **polyglot**　数か国語を話せる人

☐ **rare gift**　めったにない才能

Language Activity

A)〜J) の表現の意味を、それぞれ 1)〜10) から選んで、空所に記入しなさい。

A) **rejuvenated**
B) **in paradise**
C) **kick back and chill**
D) **rushing around like a headless chicken**
E) **the in-laws**
F) **frail**
G) **I'm not holding my breath**
H) **I'd rather watch paint dry**
I) **a polyglot**
J) **a rare gift**

1) relax and do nothing special
2) a skill that not many people have
3) energized after being tired
4) I'm not optimistic that it will happen soon
5) It's very dull
6) in a truly wonderful place
7) cannot relax due to doing too many things
8) relatives of one's husband or wife
9) weak or delicate
10) a speaker of many languages

A) ＿＿＿＿＿ B) ＿＿＿＿＿ C) ＿＿＿＿＿
D) ＿＿＿＿＿ E) ＿＿＿＿＿ F) ＿＿＿＿＿
G) ＿＿＿＿＿ H) ＿＿＿＿＿ I) ＿＿＿＿＿
J) ＿＿＿＿＿

答　A)→3) ／ B)→6) ／ C)→1) ／ D→7) ／ E)→8) ／ F)→9) ／ G)→4) ／ H)→5) ／ I)→10) ／ J)→2)

☐ **1)** リラックスして、特に何もしない
☐ **2)** あまり人が持っていない才能
☐ **3)** 疲れた後に元気になる
☐ **4)** 私はそれがすぐに起こることを期待していない
☐ **5)** とても退屈だ
☐ **6)** 本当に素晴らしい場所にいる
☐ **7)** やらなければいけないことがたくさんあって、休めない
☐ **8)** 夫側または妻側の親戚

□ **9)** 弱い・繊細な

□ **10)** たくさんの言葉を話す人

---

1)～8) の空欄に A)～J) の表現を入れなさい。（ただし必要であれば表現を適切な形に変えること。）

During the week my wife and I are busy from the time we wake up to when we go to bed with many different tasks. You could say we're 1)＿＿＿＿. At the weekends, that all changes. We drive out to a place we know by the sea, and when we get there, we simply 2)＿＿＿＿. I have a little house out there that is just perfect. It's five minutes from the beach, and in the evenings I sit on my balcony and watch the sunset. I feel like I'm 3)＿＿＿＿. I usually go with my family—my wife and two daughters. Once I even invited 4)＿＿＿＿ to join us. My father-in-law is 85 years old and is rather 5)＿＿＿＿ so he can't do much, but he enjoyed being there, as did my mother-in-law. On Saturdays my wife sometimes does volunteer work at the local tourist office. She is 6)＿＿＿＿ and can help the foreign tourists who come from different countries to see this place. She has 7)＿＿＿＿ for languages. She can speak seven of them! After returning from our weekend by the sea, we always feel 8)＿＿＿＿.

1) ＿＿＿＿＿＿＿   2) ＿＿＿＿＿＿＿   3) ＿＿＿＿＿＿＿

4) ＿＿＿＿＿＿＿   5) ＿＿＿＿＿＿＿   6) ＿＿＿＿＿＿＿

7) ＿＿＿＿＿＿＿   8) ＿＿＿＿＿＿＿

答 1)→D) (rushing around like headless chickens) ／ 2)→C) ／ 3)→B) ／
4)→E) ／ 5)→F) ／ 6)→I) ／ 7)→J) ／ 8)→A)

訳：平日、妻と私は起きたときから寝るまで、たくさんの様々な仕事で忙しくしています。いつも急いでいる、と言えます。週末は、すべてが変わります。海が近い馴染みの場所へ車で行って、到着したら、特に何もせずにリラックスします。向こうに小さな家を持っていて、それがうってつけなのです。ビーチから5分の所にあるので、夜はそこのバルコニーに座って、夕焼けを見ます。本当に素晴らしい場所

にいると感じます。いつもは、私の家族——妻と2人の娘と一緒に行きます。一度、義理の親戚を招いたことがあります。義理の父は85歳で、やや体が衰えているので、たくさんのことはできません。しかし、義父はそこに来たことを楽しんでいました。義理の母も同様でした。土曜日に、妻はときどき地元の旅行会社でボランティアとして働いています。妻はポリグロットなので、その場所を見るために様々な国から訪れた外国人観光客を助けることができます。彼女には言語に対し珍しい才能を持っています。7つの言葉を話すことができるのです！　海の近くで過ごす週末から戻れば、いつも、また元気になったと感じます。

Computers　コンピューター

頻出表現

Technical　技術

router（ルーター。ネットワークで経路の選択・信号のやりとりの制御を行う機器）／dongle（ドングル。ソフトウェアの複製を防止する装置）／PC（パソコン）／tablet（タブレット）／smartphone（スマートフォン）／wireless connection（ワイヤレス接続）／operating system（OS。オペレーションシステム）／user interface（ユーザーインターフェイス。利用者がコンピューターにデータを入力したり、情報を引き出したりする操作方法の総称）

Uses　利用

surfing the net（ネットサーフィンをする）／skyping（スカイプを使ってコミュニケーションを取る）／videoconferencing（テレビ会議をする）／word processing（文書を作成する）／watching videos（動画を見る）／using social network services（SNS［ソーシャルネットワークサービス］を使う）

・**What do you use a computer for?**
（何の目的でコンピューターを使いますか）

Sample Answers　Track ⬤ 209

▷ I mostly use it to write reports and do spreadsheets. I have a desktop that I work on at home and a tablet that I carry about with me.
（主に、報告書を書いたり表計算ソフトに入力するのに使います。家で仕事で使うデスクトップと、持ち運び用のタブレットを持っています）

▷ I use my computer for social networking. I talk to my friends using Facebook—that's a kind of network that allows people to post pictures and comments.
（ソーシャルネットワーキングのためにコンピューターを使います。Facebookを使って友達と話をします。Facebookは写真やコメントを投稿することができるネットワークの一種です）

▷ I watch video clips and DVDs, and when I need to know something I look it up using Google—that's a search engine.
（ビデオクリップやDVDを見ています。また、何かを知る必要があるときはGoogleを使って調べています。Googleは検索システムです）

▷ I don't have a computer! I use my smartphone all the time, and I think that does just about anything that a computer can do.
（コンピューターを持っていません！　いつもスマートフォンを使っています。コンピューターができることは何でも、スマートフォンでできると思っています）

解説

　どの答えも、シンプルに答えを出してから、話を広げています。1番目の答えは、所有しているコンピューターの種類について、2番目・3番目は使っているウェブサイトの機能について説明しています。また、4番目はコンピューターを使うという考えに対して、別の選択肢を示しています。

　「FacebookやGoogleのような会社名を使ってもいいのか」という質問が出ることがありますが、宣伝しているわけではないので問題はありません。ただ、状況に応じて、また日本国内でのみ使われているサイトである場合は、その会社や機能について説明した方がよいでしょう。

┌─ **レベルアップ表現に挑戦！**

Sample Answers `Track` 210

▹ I use it to work, watch videos, and catch up with friends. My computer is like *an extension of myself. I'd be lost without it.*

（コンピューターを使って仕事をし、ビデオを見て、友達と話をしています。コンピューターは私の体の一部です。コンピューターがなければ、何もできません）

▹ I think computers are more trouble than they're worth. They're not *user-friendly* and seem to have minds of their own. I'm *strictly old school*; I'd prefer to use pen and paper and call people on the phone.

（コンピューターは、価値よりも問題の方が多いと思います。コンピューターは使い勝手がよくないですし、まるで自分の意志を持っているかのように見えます。私は頭が固いので、ペンと紙を使い、電話で話をする方が好きです）

┌─ **役に立つ語句・表現**

□ **an extension of oneself**　自分の一部
□ **I'd be lost without it.**　それがなければ何をしたらいいかわからなくなってしまう
□ **user-friendly**　使い勝手がよい
□ **strictly old school**　完全な保守派

・ **What do you like most about computers?**
（コンピューターの一番気に入っているところはどこですか）

Sample Answers `Track` 211

▹ I like the way they make it easy to integrate all the tasks we have to do. I can use my computer to write a report, attach it to an email and contact the person I need to send it to.

（やるべきことを簡単に集約できるところです。コンピューターを使って報告書を書き、それをメールに添付して、提出すべき人に連絡することができます）

▹ I like the way they save time. In the past everyone wrote essays by hand, and there was no spell checker! It would have taken forever.

（時間の節約ができるところです。以前は、みんな手でエッセイを書いていましたし、

スペルチェッカーもありませんでした！　そんなことは2度とやらないでしょう）

▷ I like the fact that I can check information easily. In the old days, we had to use encyclopaedias or go to the library. Now we rarely need to do this.
（情報を簡単にチェックできることです。昔は、百科事典を使ったり図書館に行ったりしなければいけませんでした。今は、そうする必要はほとんどありません）

▷ I like the way they save space. When I travel, I don't need to pack a bagful of heavy books. My laptop is a lightweight replacement for all those.
（場所をとらないところです。旅行に行くとき、バッグに重い本を詰める必要はありません。私のラップトップは軽量で、本の代用になるのです）

解説

答えはそれぞれ、コンピューターの好きな点を挙げ、生活において、コンピューターの機能は便利であると説明しながら、話を広げています。2番目と3番目の答えは、過去と現在を比較し、その違いを説明しています。4番目はコンピューターがある場合とない場合を比較しています。

レベルアップ表現に挑戦！

Sample Answers　Track 212

▷ I enjoy the *connectivity* of computers. These days you can access the internet from anywhere. I also like the fact that we can do several actions *simultaneously*. I often join in group discussions and check data on the net while working on my reports.
（私は、コンピューターの相互通信性を活用しています。近年では、どこからでもインターネットにアクセスできます。また、複数の物事を同時に行うことが可能な点も気に入っています。私は報告書を書いている間に、グループディスカッションに参加し、ネットでデータのチェックをする、ということがよくあります）

▷ I like having all my information in one place. I can store documents, photos and videos on the same device. This would have been *unimaginable* a generation ago. The capability of computers is quite *mind-blowing*.
（自分の情報はすべて、一か所にまとめたいです。書類、写真やビデオを同じ機器の中に保管することができます。これは、一世代前では想像できなかったことでしょう。

コンピューターの性能には、とても感心させられます）

役に立つ語句・表現

- ☐ **connectivity**　接続性
- ☐ **simultaneously**　同時に
- ☐ **unimaginable**　想像できない
- ☐ **mind-blowing**　びっくりするような、ショッキングな

- **How important is it for students to learn about computers at school?**
（学生が学校でコンピューターについて学ぶことは、どれくらい重要ですか）

Sample Answers　Track 213

▷ It's very important. Today's high school students are tomorrow's workers, and they need to know about modern technology.
（とても重要です。現在の高校生は未来の働き手なので、近代のテクノロジーを学ぶ必要があります）

▷ It's pretty important. Most people use computers in their working life, and the sooner they start to learn about them, the better they will be in the future.
（非常に重要です。ほとんどの人は仕事でコンピューターを使っています。早くコンピューターを学べば、それだけ将来において有利になります）

▷ It really depends. Some students will find them very useful while others won't need them so much. I think it should be up to the school.
（実際は状況によります。コンピューターが便利だと思う生徒もいれば、それほど必要ではないという生徒もいるでしょう。学校に任せるべきだと思います）

▷ Most teenagers already know how to use a wide range of digital devices. I think it would be a waste of resources for schools to teach students what they probably know already.
（ほとんどの10代の若者はすでに様々なデジタル機器の使い方を知っています。生徒がすでに知っているだろうことを学校が教えるのは無駄ではないかと私は思います）

　最初の2つの答えは、コンピューターを学ぶことと生徒の将来の可能性がつながっていると述べています。3番目は'It depends'（場合による）という表現を用い、はっきりとした答えを出さずに、両方の立場のバランスを取っています。4番目は、重要度については直接言及してはいませんが、コンピューターを学ばせるのは、生徒にとって時間の無駄だとはっきり述べています。

レベルアップ表現に挑戦！

Sample Answers　Track 214

▷ It's important for students to become *proficient* in computers. Most of them *know their way around* a computer from an early age, but studying computers at school would fill in any gaps in their knowledge, so I'd say it was quite important.

（生徒がコンピューターを使いこなすようにするのは大切なことです。彼らのほとんどは、若いうちにコンピューターに慣れ親しんでいますが、学校でコンピューターを学ぶことで、知識上のあらゆる差を埋めることができます。したがって、非常に重要だと言えます）

▷ Schools have limited resources and students already *have enough on their plates* learning physics, maths and all the other subjects. If high school students want to learn about computers, they can do so *in their own time*.

（学校の資金は限られていますし、生徒はすでに物理や数学など他の科目を勉強するのに手いっぱいです。もし高校生がコンピューターを学びたいのであれば、自分の時間にやればいいのです）

役に立つ語句・表現

☐ **proficient**　堪能である、上手である

☐ **know one's way around**　…に詳しい

☐ **have enough on one's plates**　やるべきことをたくさん持っている

☐ **in one's own time**　私的な時間の中で（学校や仕事の時間ではなく）

・**Do you think that people will still use computers in the future?**

（将来にも、人はまだコンピューターを使うと思いますか）

Sample Answers　Track 215

▷ That's an interesting question. Computers seem to be more useful than ever before, so I expect they'll keep on being useful in the future.

（とても面白い質問です。コンピューターは以前よりも便利なものになっているようですし、将来も使い続けると考えます）

▷ It's difficult to say. I imagine that people will still use them but in different ways. Perhaps they'll be used for some new form of social networking.

（答えるのが難しいです。人は使い続けるでしょうが、違った使い方をするようになるだろうと思います。ソーシャルネットワーキングの新しい形で、コンピューターは使われるようになるかもしれません）

▷ That's a tough one! It seems that new technologies are replacing old ones quite rapidly, so I expect computers will also be replaced in the future.

（難しい質問です。新しい技術があっという間に古いものに取って代わるようなので、将来コンピューターも取って代わられると思います）

▷ Hmm, I wonder? To tell the truth, I already use my smartphone for things I used to do on my computer. I wouldn't be surprised if people stopped using computers altogether in the future.

（んー、どうでしょうか。正直な話、すでに私は、かつてコンピューターで行っていたことをスマートフォンでやっています。もし将来、コンピューターをまったく使わなくなっても驚かないでしょう）

解説

　どの答えも、はっきりとした答えは出さず、ありふれた返事をして考える時間を作っています。1番目の答えは、未来にも、コンピューターは現在と同じような使われ方をすると述べています。2番目は今ある傾向をコンピューターの未来に結びつけています。3番目は、物事の移り変わりが速いと指摘し、未来でもそうなると述べています。4番目は、新しい技術が普及し、コンピューターに取って代わる、と予想しています。

　一見、質問が難しく思えても、現在見られる傾向とコンピューターそのものを

シンプルに観察すれば、うまく答えられるはずです。

Sample Answers Track ● 216

▷ I think that in the future all our devices will *morph into* each other. I think the functions of computer, smartphones, and new devices will become *indistinguishable* from one other.

（将来には、私たちの機器はまったく別のものに変わっていると思います。コンピューター、スマートフォンなど新しい機器の機能は、それぞれの違いがわからなくなると思います）

▷ Yes, I do, because we *encounter* computers in almost every task we do. A smartphone is a kind of computer. Cars also have computers. I think that this phenomenon will become ever more *prevalent* until computers are ubiquitous.

（そう思います。なぜなら、あらゆる仕事をするときはほとんど、思いがけなくコンピューターを使うことになるからです。スマートフォンはコンピューターの一種です。車もまたコンピューターです。この現象は今以上に広がり、ゆくゆくは、コンピューターは至る所に見つけられるようになると思います）

┌── 役に立つ語句・表現

☐ **morph into** 　〜に変形する

☐ **indistinguishable** 　区別がつかない

☐ **encounter** 　偶然会う、見つける

☐ **prevalent** 　至る所で見つけられる

Language Activity

A)〜J) の表現の意味を、それぞれ 1)〜10) から選んで、空所に記入しなさい。

A) **an extension of myself**

B) **lost without it**

C) **user-friendly**

D) **strictly old school**

E) **connectivity**

F) **simultaneously**

G) **proficient**

H) **in their own time**

I) **morph**

J) **indistinguishable**

1) **change slowly from one form to another**

2) **not using company/school time**

3) **a part of me**

4) **cannot see any difference between**

5) **easy to operate**

6) **wouldn't know what to do**

7) **unreceptive to new ideas**

8) **doing two things together**

9) **expert at**

10) **the ability to link up easily**

A) ＿＿＿＿ B) ＿＿＿＿ C) ＿＿＿＿

D) ＿＿＿＿ E) ＿＿＿＿ F) ＿＿＿＿

G) ＿＿＿＿ H) ＿＿＿＿ I) ＿＿＿＿

J) ＿＿＿＿

答 A)→3) ／ B)→6) ／ C)→5) ／ D)→7) ／ E)→10) ／ F)→8) ／ G)→9) ／ H)→2) ／ I)→1) ／ J)→4)

- □ **1)** あるものが別のものへと次第に変化する
- □ **2)** 会社や学校以外の時間を使う
- □ **3)** 自分の一部
- □ **4)** 違いがわからない
- □ **5)** 操作するのが簡単である
- □ **6)** 何をしたらいいかわからなくなる
- □ **7)** 新しい考えを受け入れない
- □ **8)** 2つのことを一緒に行う
- □ **9)** 〜に熟練している
- □ **10)** 容易に結びつける能力

1)〜8) の空欄に A)〜J) の表現を入れなさい。

To me, computers are all about 1)_____. I have to link up with colleagues in other cities, and when I'm travelling, I need to check up on my family. In my work, my computer is essential—I'd be 2)_____—and feels like 3)_____. My boss hates computers, though. She says that her computer interface is not intuitive to use so isn't 4)_____. I think she should try harder to be 5)_____ in the latest technology, but she hates new devices in general. She is 6)_____. She says: 'The young staff at the office drive me crazy! I see people working at their desks and texting friends 7)_____. It's a bad trend. They should work during office hours and text their friends 8)_____.'

1) _____   2) _____   3) _____
4) _____   5) _____   6) _____
7) _____   8) _____

答 1)→E) ／ 2)→B) ／ 3)→A) ／ 4)→C) ／ 5)→G) ／ 6)→D) ／ 7)→F) ／ 8)→H)

訳：私にとって、コンピューターは相互通信性そのものです。私は、他の街にいる同僚と連携しなければなりませんし、旅行に行ったときは家族のことを確認する必要があります。仕事において、コンピューターは不可欠なもので、なくなったら、何をしたらいいかわからなくなってしまいます。もはや自分の一部のようです。しかし、私の上司はコンピューター嫌いです。彼女は、コンピューターインターフェースは直感的でなく、使い勝手が悪いといいます。彼女は最新の技術を使いこなせるように、努力すべきだと私は思います。でも総じて、彼女は新しい機器を嫌っています。彼女は頑固です。「若い社員のせいで、私は頭がおかしくなってしまう！　デスクで、仕事と友人にメールを打つことを同時にする人がいる。悪い風潮だ。就業時間中は仕事をし、友人にメールを打つのは、自分の時間にやるべきだ」と彼女は言います。

Exercise 11　Part 2

Track 217

Describe a sporting event you participated in.

You should say:

- what the sport was
- what happened in the event
- what was memorable about it

and explain how you felt about the result.

最初は、自分の力で答えてみましょう。

このトピックについて1〜2分話すことが求められます。まずは、1分間で話す内容を考えましょう。希望すれば、メモを取ることができます。必要ならば、次のテンプレートを使いましょう。

Last week, I played in ＿＿＿ . It was an important event because ＿＿＿ . To begin with... as the match went on.... The crowd went wild! This event is especially memorable for me because ＿＿＿ . I feel that ＿＿＿ .

（先週、私は＿試合の名前＿を見ました／に参加しました。それはとても重要な試合でした。なぜなら、＿理由＿。まず最初に…試合が進むにつれて…観衆は興奮してきました。この試合は私にとって印象深いものです。なぜなら＿理由＿。私は＿感じたこと＿だと感じています）

Describe a sporting event you participated in.
（あなたが参加したスポーツの試合について話しなさい）
You should say:（言うべきことは）
- **what the sport was**（何のスポーツだったか）
- **what happened in the event**（試合で何が起きたのか）
- **what was memorable about it**（記憶に残っているのはどんなことか）

and explain how you felt about the result.
（そして、結果についてどう感じたかということを説明しなさい）

Language Activity

Exercise 11 の解答例です。下記の A)〜F) から言葉を選んで 1)〜6) の空欄を埋めなさい。

1)____, my volleyball team made the regional tournament at the end of the regular season. We were one of the weaker teams in the tournament, and to our dismay, we discovered that we had to play the top-seeded team in the very first round. We were really nervous because that team hadn't lost a single match all year. 2)____, I was especially nervous because I had never played in front of such a large crowd before. I could see my mum and dad waving from the stands, and I quietly wished that they would go back home. Surely we were going to lose big time!

The game started with our team losing the first two sets quite badly. I think that made our opponents over-confident because they relaxed too much, and we were able to get back into the game. We won the next two sets before our opponents realised how good we could be. The fifth set was really close. When it was tied at fourteen each, I managed to block their attacker. At this point, our captain served an ace to win the match.

3)____! We were jumping up and down for joy because we had just beaten the best team in the tournament. We went on to win that tournament and stayed at the top of the school league for several years. 4)____, we played with a newfound confidence. This game will always be memorable, 5)____. First, it marked the turning point for the team—after that, it really began to believe in itself and achieve big things. Second, it marked a turning point for me personally. This win inspired me to push myself that little bit further in challenging situations. 6)____, I went on to study at a good university and get through some tough interviews to land myself a job. I think that the confidence that I needed to do all this came from that very first victory in the volleyball game.

A) **for two reasons**

B) **the stadium went wild**

C) **from that time on**

D) **later**

E) **personally**

F) **when I was in high school**

1) _____ 2) _____ 3) _____
4) _____ 5) _____ 6) _____

答 1)→F) ／ 2)→E) ／ 3)→B) ／ 4)→C) ／ 5)→A) ／ 6)→D)

Track 218

☐ **A)** ２つの理由によって
☐ **B)** スタジアムが興奮する
☐ **C)** そのときから
☐ **D)** のちに
☐ **E)** 個人的には
☐ **F)** 私が高校生だったとき

訳：私が高校生だったとき、私のバレーボールチームはレギュラーシーズンの終わりに、地域のトーナメント戦に参加しました。トーナメントの中で、私たちは弱いチームの１つでした。残念なことに、私たちは、まさに最初の試合でトップシードのチームと当たり、試合をしなければならなくなりました。私たちはとても緊張していました。なぜなら、そのチームは年間を通じて一試合も負けていなかったからです。また個人的に、私は特別に緊張していました。なぜならあんなに大勢の観衆の前で、プレーをしたことが一度もなかったからです。母や父がスタンドから手を振っているのが見え、できることなら家に帰ってほしいとひそかに願いました。確かに私たちは、完ぺきに負けてしまいそうでした。

　試合が始まって、私たちは最初の２セットをひどい内容で落としました。そのせいで、相手チームは自信過剰になったと思います。なぜなら彼らはリラックスしすぎていたからです。そして、私たちは試合に戻ることができました。次の２セットを取った後、相手チームは私たちの強さに気が付きました。５セット目は本当に接戦でした。14点で同点になったとき、私は辛うじて、相手のアタッカーをブロックしました。そして、私たちのキャプテンがサービスエースを決めて、試合に勝ちました。

　会場は興奮で沸きました！　私たちは飛び跳ねて喜びました。トーナメントで一番強いチームに勝ったからです。私たちはトーナメントで勝ち続け、数年間、学校リーグのトップに居続けました。あのときから、私たちは新しく手に入れた自信を持ってプレーしました。この試合が印象深いものになったのには、2つの理由があります。1つ目は、あの試合がチームの転換点になったからです。——試合の後、チームは自分自身を信じ、大きな成果を出すようになりました。2つ目は、私自身にとっての転換点になったことです。試合に勝ってから、私は難しい状況ではもう少し頑張るように、自分を駆り立てるようになりました。そののち、私は、いい大学で勉強し、厳しい面接を突破して就職しました。これらのために必要になった自信は、バレーボールの試合での、まさに最初の勝利から来ている、と思います。

注：スピーチに続いて行われる質問はシンプルなもので、長い返答を求めるものではありません。

- **Do you often go to sporting events?**
  （よくスポーツの試合には行きますか）

Sample Answers　Track 219

▷ Yes, quite a lot. I go to see my favourite baseball team about once a month.
（はい、よく行きます。大体月に1回、ひいきの野球チームの試合を見に行きます）
▷ No, never. Occasionally I catch some ice dancing on TV, but that's about it.
（いいえ、一度も行ったことがありません。ときどき、テレビでアイスダンスを見ることがありますが、それだけです）

┌─ レベルアップ表現に挑戦！

Sample Answer　Track 220

▷ No, life's too short to spend it sitting around watching people hit a ball. I'd rather *take off* to the countryside and go hiking.
（いいえ。人生はとても短いので、ただ座ってボールを打つ人を見ている時間はありません。田舎に行ってハイキングに行く方がいいです）

□ **take off** 〜へと出発する／行く

　話し手は、状況を説明し、詳細を加えながら出来事が起こるまでの経緯を述べています。自分のチームは弱かったこと、とても緊張したこと、また観客の中に両親がいたことを続けて話し、緊張感を表現しています。

　第2パラグラフでは、試合の進む様子を伝えています。その中では経過を表す表現 started, the next two sets, when it was tied, at this point を使い、試合の流れを追っています。

　第3パラグラフでは、The stadium went wild! という表現を使って、劇的な状況や雰囲気を表しています。それに続けて、経験から学んだ2つのことを述べています。その中では、first、second という文構成が用いられています。

　注目してほしいのは結論の1文です。試合に勝ったことで得た新しい自信が、その後様々なことを乗り越えたことにつながったと述べ、印象深い締めくくりとなっています。

Language Activity

次のパッセージを読んで、Exercise 11 の解答例で色がついた頻出表現が、別の文章でどのように使われているか確認しましょう。なお、このパッセージには 4 つ間違いがあります。見つけてみましょう。

　I love tennis, and get to practice all the time as I have recently *landed a job* as a coach at a tennis club. The other day my hero, Keichiro Nishida, walked into the club. This player is so good that last year he was the *top-seed* of Wimbledon. Nishida wanted to warm up, therefore I volunteered to be his hitting partner. He hit the balls with great force, and *to my dismay,* I was able to return many of them. Luckily, this turned out to be just nerves, and after ten minutes or so I was able to hit the ball back. I began to develop a *newfound* confidence. At one point, I managed to hit a ball past him, and my daughter, which was watching from the stands, *went wild!*

間違い

　1) ＿＿＿＿＿＿　　2) ＿＿＿＿＿＿　　3) ＿＿＿＿＿＿
　4) ＿＿＿＿＿＿

答

1) （誤）3文目の of Wimbledon → （正）at Wimbledon
　会場の場所を指すには前置詞at を使う。

2) （誤）4文目の therefore → （正）so
　thereforeは硬い論理的な議論の際に用いる。例：I think, therefore I am. （我思う故に我あり）ここでは、平易なsoが適当。

3) （誤）5文目の able → （正）unable
　dismay は不可能なことにつながる。

4) （誤）8文目の which → （正）who
　人につなげる場合は ‘who’ を用いる。

訳：私はテニスが好きで、ずっと練習してきました。そして最近、テニスクラブの

コーチの職を得ました。ある日、私のヒーローであるニシダ・ケイイチロウがクラブにやって来ました。とても素晴らしい選手で、昨年はウィンブルドン大会でトップシードになりました。ニシダがウォームアップをしたがっていたので、私は打ち合いの相手を買って出ました。彼は強い力でボールを打ってきました。残念ながら、私はほとんど打ち返すことができませんでした。幸運なことに、打ち返せなかったことで度胸が出て、10分後にはボールを打ち返すことができました。私は新たな自信を持つようになりました。なんとか彼にボールを打ち返したとき、スタンドで見ていた娘が興奮していました！

Exercise 12　Part 3

Sporting events

- What are the most popular sports among people in Japan?
- How important are international sporting events like the Olympics?
- Many people view famous athletes as heroes—do you think this is a good idea?

Maintaining health and fitness

- What are some things that we should do to maintain our health?
- Why do you think it is difficult for some people to live a healthy lifestyle?
- Do you think that obesity will become more or less of a problem in the future?

Sporting events　スポーツイベント

・**What are the most popular sports among people in Japan?**
（日本人の間で一番人気のあるスポーツは何ですか）

Sample Answers　Track ● 222

▷ Baseball and football seem to be the big two. Traditionally, baseball was the most popular, but young people seem to enjoy football more. When I walk in the park near my house, I see people playing both sports. There's often a rugby match going on as well, but I don't think that's one of the most popular sports.
（野球とサッカーは２大スポーツのように思えます。伝統的に、野球は最も人気がありますが、若い人たちはサッカーをより楽しんでいるように見えます。家の近くの公園を散歩していると、両方のスポーツをしている人がいます。また、ラグビーの試合もよく行われていますが、最も人気があるスポーツだとは思いません）

▷ There seems to be a lot of baseball on TV, so I'd say that was the most popular. We also see plenty of football, tennis and ice skating. Recently I've seen a lot of people out running in the evenings, so I'd say that running is also a popular hobby, though I'm not sure whether I'd call it a sport.
（テレビで野球の試合をやっているようなので、最も人気があると言えます。また、サッカー・テニス・アイススケートもたくさん見ます。最近、夜ランニングをしている人をたくさん見ます。なので、ランニングも人気があるスポーツだと言えます。しかし、ランニングはスポーツと言えるのかどうかよくわかりません）

┌─ 解説

　１番目の答えは、２つのスポーツが最も有名だと述べてから、過去と現在を比較、それらのスポーツがプレーされているのを見た場所について話しています。２番

目は、様々なスポーツを挙げた後、そのスポーツがどこで見られるか、あるいは
行われているかを述べています。

> 注：アメリカ英語とカナダ英語ではfootballの代わりにsoccerといいます。ア
> メリカ英語でfootballはプロテクターの入ったユニフォームを着て、手を
> 使ってプレーできる別のスポーツのこと（アメリカンフットボール）を指
> します。オーストラリアでは両方の単語が使えますが、footballはオース
> トラリアルールのfootballを指すことが多く、これも普通のfootballとは
> 違うスポーツです。興味深いことにsoccerはもともとイギリスのもので、
> 1980年以前まで使われていました。しかし現在ではfootballといいます。

テストでは、footballとsoccerどちらを使っても問題はありません。

America/Canada	Football	Soccer	Australian Rules Football
Australia	American football	Football/Soccer	Football
UK	American football	Football	Australian Rules Football

 レベルアップ表現に挑戦！

Sample Answer Track 223

> The most popular sports are *undoubtedly* baseball and football, but there are
> a number of others. Tennis has become a popular *spectator sport* recently,
> although due to limited space you don't see so many people playing it. Golf
> is popular among businesspeople. I find it interesting that these *incredibly*
> busy people can spend an entire day playing such a slow-paced game. It
> must be stressful for the *underlings* to make sure that the boss always wins!
> （最も人気のあるスポーツは間違いなく野球とサッカーですが、他にもたくさんあり
> ます。テニスは最近、見るスポーツとして人気になっています。しかし場所が限られ
> ているので、そんなに多くの人がプレーしているわけではありません。ゴルフはビジ
> ネスマンの間で人気があります。信じられないほど忙しい人たちが1日使ってゆっく

りとしたペースのスポーツをするのは面白いと思います。部下の人たちにとって、上司がいつも勝てるようにするのは、ストレスに違いありません）

役に立つ語句・表現

☐ **undoubtedly** 疑う余地なく
☐ **spectator sport** 観戦スポーツ
☐ **incredibly** 信じられないくらい（同義語は extremely: 極端に）
☐ **underling** 部下

- **How important are international sporting events like the Olympics?**
  （オリンピックのような国際的なスポーツイベントはどれくらい重要ですか）

Sample Answers Track ⊙ 224

▷ I think they are incredibly important. They help people feel proud of their own country. They also help countries come together and cooperate to make sure the events are a success. I think that without these types of events, we would have much less international understanding.
（非常に重要だと思います。イベントがあると自分の国のことを誇りに思うようになります。また、国々が一緒になって、イベントが成功するように協力するようになります。このような種類のイベントがなくなれば、国際的理解が得られなくなってしまうと思います）

▷ It depends on the person. Some people go crazy and watch them all the time on TV or even travel half-way around the world to watch the events in person. Others just watch the round-ups at the end of the news. Nobody seems to ignore them completely.
（人によると思います。夢中になってずっとテレビで見る人もいますし、イベントを見るために1人で地球の向こう側まで行く人もいるでしょう。一方で、ニュースの終わりに総集編だけを見る人もいます。完全に無視する人はいないでしょう）

解説

1番目の答えは、イベントが持つ2つの効果を挙げた後、スポーツイベントがな

246

くなったら、という逆の状況を想像しています。対照的な2つの状況を想定する
と、答えを発展させることができます。2番目はイベント中に人が何をしている
のかを述べています。some people and others という文構造を使うと、2つの立
場から答えを広げることができます。

┌─ レベルアップ表現に挑戦！

Sample Answer　Track 225

▷ The Olympics is the biggest *spectacle* on the planet. Everyone *roots for* their
country, and the event *unifies* the nation. Japan will be holding the Olympics
in 2020, and it should be very exciting. The World Cup also *galvanises* people
into showing support for their countries.
（オリンピックは、地球上で最大規模のショーです。みんな自分の国を応援し、イベ
ントは国を一体化させます。日本は2020年にオリンピックを開催します。興奮させ
てくれるに違いありません。ワールドカップも自分の国を応援するように、人を鼓舞
します）

┌─ 役に立つ語句・表現

☐ **spectacle**　壮大なショー
☐ **root for**　～を応援する・励ます
☐ **unify**　一つにする
☐ **galvanise**　鼓舞する

・**Many people view famous athletes as heroes–do you think this is a good
idea?**
（多くの人たちが有名なスポーツ選手を英雄だと見なしています。いい考えだと思い
ますか）

Sample Answers　Track 226

▷ I think it can be a good idea as long as we realise that they are only human
beings. If we celebrate their athletic achievements, that's good. However, if
we think that they are perfect people just because they can play a sport well,

that's a problem.

（いい考えだと思います、ただアスリートもただの人間だということを理解していることが条件です。アスリートとしての成果を称賛するのはよいことです。しかし、もし私たちが、運動が上手にできるということを理由にアスリートを完璧な人間だと思うようであれば、それは問題です）

▸ Yes, I do. I can think of several sports figures who are personal heroes of mine. One is Lionel Messi, who scores incredible goals for Barcelona Football Club. Another is Mao Asada, who is an elegant ice skater. These figures inspire us by showing what it is possible to achieve if we put our minds to it.

（はい、そう思います。私個人のヒーローになっているスポーツ選手を何人か思いつきます。そのうちの1人はリオネル・メッシです。彼はFCバルセロナで素晴らしい得点を挙げています。他には浅田真央で、美しいアイススケーターです。このような人たちのおかげで、全力を尽くせば成果をあげることはできる、ということに気付くことができます）

┌─ 解説

1番目の答えは、肯定の立場をとった後で、どのようにアスリートを見るべきか、という条件を加えています。そのために、If we celebrate..., that's good/ If we think..., that's a problem という並列構造を使っています。2番目は2人のスター選手を挙げ、なぜ彼らが英雄なのかを説明しています。

┌─ レベルアップ表現に挑戦！

Sample Answer Track 227

▸ Not really. I don't think we should *revere* someone just because they can hit a ball well or run quickly. Doing that *detracts from* the real, *unsung heroes*—the firefighters who saved people in the aftermath of the 9/11 terror attack or nurses who save lives every day.

（そんなことはありません。ボールを打てる、早く走れるということだけを理由に誰かを崇めたてるべきではないと思います。そんなことをしてしまうと、本物だが讃えられていない英雄たち——例えば、9／11のテロ攻撃直後に人々を救助した消防士や、

毎日人の命を守っている看護師たちの存在価値が損なわれてしまいます）

役に立つ語句・表現

□ **revere**　崇拝する

□ **unsung heroes**　有名ではない英雄たち（彼らについての歌を誰も歌わない、という比喩表現）

□ **detract from**　価値や重要性を損なう

Maintaining health and fitness　健康と体調を維持する

・**What are some things that we should do to maintain our health?**
（健康を維持するためにやるべきことは何ですか）

Sample Answers　Track 228

▷ We should be sure to eat right, exercise, and get enough sleep. If one of these elements is missing, we can easily become ill. Oh, and we should try not to get too stressed.
（正しい食事をし、運動をし、十分な睡眠をとることが必要です。1つでも欠けてしまうと、簡単に病気になってしまいます。あぁ、それに過剰なストレスを避けるようにすべきです）

▷ We should be eating plenty of vegetables and avoid sugar in our diets. There is a saying, 'We are what we eat,' and if we eat junk food our health will suffer. We should also work out and sleep for at least seven hours a night.
（食事するときに、たくさん野菜を摂って砂糖を避けるべきです。「私たちは自分が食べたものでできている」という言い習わしがあります。ジャンクフードを食べれば、健康は損なわれます。また、トレーニングをして、夜は少なくとも7時間は寝るようにしなければなりません）

解説

　1番目の答えは、健康でいるためによく知られている要素を挙げ、それらが抜

けてしまうことによる影響を指摘し、後から思いついたことを付け足しています。2番目は食事に注目し、その重要性を述べています。その後、1番目の答えよりも、より具体的にやるべきことを付け加えています（exercise［運動する］の代わりに work out［トレーニングをする］、get enough sleep［十分な睡眠をとる］の代わりに sleep at least seven hours a night［一晩に少なくとも7時間寝る］という表現を使っています）

┌─ レベルアップ表現に挑戦！

Sample Answer Track 229

▶ We should *make it a rule* to do some stretching and exercise—vigorous exercise is good for younger people and light exercise for older people—and we should eat *a varied diet.* But I think the most important thing is to have good friends. By sharing our problems with friends we can reduce stress, and that will strengthen our *immune system.* If we get too stressed, our health will quickly *go downhill.*

（ストレッチや運動をすることを習慣にすべきです。若い人にはきつい運動を、高齢者には軽い運動がよいでしょう。そして、様々な種類の食品を食べることが必要です。しかし、一番大切なのはいい友達を持つことだと私は思います。悩みを分かち合えば、ストレスは減ります。そうすることによって免疫システムは強化されます。ストレスを多く抱えてしまうと、健康はあっという間に悪化してしまうでしょう）

┌─ 役に立つ語句・表現

- □ **make it a rule**　習慣にする
- □ **a varied diet**　変化に富んだ食事
- □ **immune system**　免疫機能
- □ **go downhill**　衰える、悪化する

- **Why do you think it is difficult for some people to live a healthy lifestyle?**
　（健康的な生活を送ることが難しい人がいるのはなぜだと思いますか）

Sample Answers Track 230

▷ I think many people have an unhealthy relationship to food. We often choose food based on how it tastes without thinking about how it will affect our bodies. Also, some people eat when they feel nervous or guilty. Unless we change our habits, we cannot have a healthy lifestyle.

（多くの人たちは、不健康な食生活をしていると思います。私たちは、どんな味がするのかだけで食べ物を選ぶことが多く、それが体にどんな影響を与えるかを考えることはありません。また、緊張したり悪いことをしたと感じたときに食べる人もいます。習慣を変えなければ、健康な生活スタイルを送ることはできません）

▷ The habits we learn as children stay with us for the rest of our lives. If we eat junk food and don't exercise as kids, we are unlikely to suddenly start eating healthily as adults. This makes it a real challenge for people to live a healthy lifestyle as adults if they are not used to it.

（子供の頃に身につけた習慣は、生涯影響を与えます。子供のときにジャンクフードを食べ、運動しなければ、大人になってから急に、健康的に食べるようになる、ということは起こりえないのです。身についていなければ、大人になってから健康的な生活を送る、ということは本当に難しいことです）

解説

　1番目の答えは、不健康な食生活が理由であると指摘してから、そのような食生活を送ってしまう理由を2つ述べ、最後に注意を促しています。2番目は子供と大人の習慣のつながりを指摘し、その上で、悪い習慣による影響を述べています。
　2つの答えとも、食事と習慣が健康に関係している、という前提をもとに話をしています。そのことに注目しましょう。

レベルアップ表現に挑戦！

Sample Answer Track 231

▷ I think the consumer society we live in is *culpable*. Supermarkets and convenience stores stock a wide range of sugary food, and this encourages us to *indulge in comfort eating* whenever we feel low. TV commercials suggest that it's cool to own a fast car. Everything is marketed for convenience. We need a *sea change* in the way we think.

（私たちの消費社会に非があると思います。スーパーやコンビニは様々な種類の砂糖でできた食品を取り揃え、元気がないときはいつでも、自分を慰めるために、甘いものを食べてもいいのだと私たちをそそのかします。テレビのコマーシャルは自分の車を持つことはカッコいいことだとほのめかしています。すべては便利だということで売り込まれているのです。私たちは考え方を大きく変える必要があります）

┌─ 役に立つ語句・表現

□ **culpable**　非難に値する
□ **indulge in**　（快楽などに）ふける
□ **comfort eating**　やけ食い
□ **sea change**　完全な様変わり、大変貌

• **Do you think that obesity will become more or less of a problem in the future?**

（将来、肥満は今以上に問題になると思いますか、または問題でなくなると思いますか）

Sample Answers　Track 🔵 232

▷ I think it will become a bigger and bigger problem. Young people rarely cook these days; they just buy food from convenience stores and don't know how many calories they are taking in.

（問題はどんどん大きくなると思います。最近の若者はほとんど料理をせずに、コンビニエンスストアで食べ物を買っています。彼らは、どれくらいのカロリーを摂取しているのかをわかっていません）

▷ People are aware of the problem of obesity these days and are becoming more health-conscious. The food in the supermarkets always contains information about calories, and you can easily find low-fat or low-sugar options.

（最近、人々は肥満の問題に気が付いていて、より健康志向になっています。スーパーの食品は大体カロリー情報がついているので、低脂肪あるいは低糖の商品を簡単に見つけることができます）

┌─ 解説

　1番目の答えは、多くの若い人に見られる傾向という身近な話を盛り込んでいます。2番目はスーパーの例を挙げています。両方の答えとも、カロリーの話をしていますが、異なった結論になっています。

┌─ レベルアップ表現に挑戦！

Sample Answer　Track ●233

▷ The *alarmist* media would have us believe that obesity is an *epidemic*, but *contrary to* what many people think, I believe obesity will become less of a problem in the future. The government is creating stricter laws about advertising and we constantly hear messages about how we must eat 'five a day,' meaning five servings of vegetables.

（人騒がせなメディアのせいで、人は肥満が蔓延していると信じ込んでいるようですが、多くの人の考えとは逆に、将来肥満はさほど問題ではなくなるだろうと私は考えています。政府は広告に対して、以前より厳しい法律を制定していますし、我々は絶えず、一日5皿の野菜を食べようという意味の 'five a day' の必要性を耳にしています）

┌─ 役に立つ語句・表現

□ **alarmist**　人騒がせな

□ **epidemic**　伝染病

□ **contrary to**　～に反して（in contrast［一方で…］の意味とは異なる）

□ **serving**　一人前、一皿分

次の単語・イディオムの意味を選択肢 A)〜C) から選びなさい。

1) underlings
   A) people of lower rank
   B) clothes worn under a shirt
   C) children under 16 years

2) spectacle
   A) a person watching a game
   B) a pair of glasses
   C) an amazing sight

3) aftermath
   A) a postgraduate phase of mathematics study
   B) the time between midday and around 3 pm
   C) the results of an event such as a war

4) make it a rule
   A) work as a government minister
   B) decide to do something as a habit
   C) create contracts for employees

5) sea change
   A) undergo a transformation
   B) a change in ocean weather
   C) an aspect of global warming

6) contrary to
   A) the opposite to the previous point
   B) contradicting received wisdom
   C) going in an opposite direction

1) _____　　2) _____　　3) _____

4) _____　　5) _____　　6) _____

答 1)→A) ／ 2)→C) ／ 3)→C) ／ 4)→B) ／ 5)→A) ／ 6)→B)

1)

☐ **A)** 低い階級の人々

☐ **B)** シャツの下に着る服

☐ **C)** 16歳未満の子供

2)

☐ **A)** 試合を見ている人

☐ **B)** メガネ

☐ **C)** 素晴らしい見物

3)

☐ **A)** 数学科の大学院学生の時期

☐ **B)** 正午から午後3時くらいの間の時間

☐ **C)** 戦争のような惨事の結果

4)

☐ **A)** 政府の高官として働く

☐ **B)** 何かを習慣にする

☐ **C)** 雇用者と契約する

5)

☐ **A)** 変化させる

☐ **B)** 海洋気象の変化

☐ **C)** 地球温暖化の様子

6)

☐ **A)** それ以前の観点とは正反対の

☐ **B)** 認められた考えに反する

☐ **C)** 正反対の方向へ進んでいく

第3章
スピーキング実戦模試

テストの進め方（推奨）：CD-ROM に収録されているテスト問題を聞き、自分の答えをスマートフォンなどの機器に録音します。解答が終わったら、自分の答えを聞き直し、チェックリストの項目を確認します。その後に解答例を載せました。自分の答えの確認が終わったら、解答例を声に出して読み、自分の答えと比較してみましょう。

Test 01 問題 ··· 258
  Test 01 解答解説 Part 1 ··· 262
  Test 01 解答解説 Part 2 ··· 272
  Test 01 解答解説 Part 3 ··· 275
Test 02 問題 ··· 282
  Test 02 解答解説 Part 1 ··· 286
  Test 02 解答解説 Part 2 ··· 300
  Test 02 解答解説 Part 3 ··· 303

Part 1

Track 234

First of all, let's talk about your home.

- Tell me about the house or apartment that you live in now.
- What kind of home would you like to have in the future?
- What shops or other conveniences do you have near your home?

Now let's talk about music.

- How often do you listen to music?
- What type of music do you usually listen to?
- Who is your favourite artist or composer?
- Do you think we should judge a group's talent based on its popularity?

I'd like to talk about your family.

- Which of your family members are you most similar to?
- In what ways are you different from your parents?
- What is one thing you do as a family that you enjoy?
- Do you think the families of the future will be bigger or smaller than they are today?

Part 2

> Talk about a time you had many things to do.
>
> You should say:
> • what the occasion was
> • why you were so busy
> • what happened as a result
>
> and whether you benefited from the situation.

Part 3

第3章

Test

01

Being busy

 • How busy are people in your culture?
 • What are the advantages and disadvantages of being very busy?
 • In the future, do you think people will be busier or less busy?

Having enough time

 • How important is it to have a proper work-life balance?
 • What is the best way to manage the competing demands on our time?
 • Do you think the government should limit the number of hours people can work?

Self-study checklist—aiming for a six 自習チェックリスト―目標グレード6	◯ or ×
Speaks at a reasonable speed without hesitating or pausing too much (言葉に詰まったり、黙り込んだりせず適切なスピードで話せたか)	
Speaks clearly enough to be understood without too much effort (無理なく理解できるよう、明瞭に話すことができたか)	
Pronunciation is not katakana-like (カタカナ英語のような発音になっていないか)	
Answers the questions relevantly without going too far off-topic (与えられたトピックからかけ離れず、つながりのある答えになっているか)	
Answers the questions while mostly using past, present and future correctly (過去形・現在形・未来形の時制を正しく使って答えているか)	
Goes beyond using simple vocabulary like 'good' and 'bad' ('good' や 'bad' といった簡単な単語を使いすぎていないか)	

Self-study checklist—aiming for a seven or above 自習チェックリスト―目標グレード7以上	○ or ×
Speaks at a speed approaching a native speaker's with just a few pauses to search for the right words （多少、言葉を探す間があるくらいで、ネイティブスピーカーに近いスピードで話せているか）	
Pronunciation is easy to understand （理解しやすい発音になっているか）	
The words flow together naturally and the voice's pitch and tone varies （言葉が自然につながりスムーズに流れ、加えて多様な声のピッチやトーンを使えているか）	
Responds to questions and expands on the topics in detail （質問に答え、その後で詳細を話し、トピックを広げることができているか）	
Uses tenses such as the present perfect (e.g., *I have done*) and conditionals (e.g., *I would like to …*) mostly appropriately （現在完了形［例：I have done］や仮定法［例：I would like to］などの時制を適切に使えているか）	
Uses a wide range of vocabulary with some idiomatic language （イディオム表現などを交え、豊富なボキャブラリーを用いて話しているか）	

質問をもう一度聞いて、解答例を確認しましょう。

第3章

Test

01

解答解説

Part 1

Living　住まい

First of all, let's talk about your home.

（まず最初に、あなたの家について話しましょう）

- **Tell me about the house or apartment that you live in now.**

  （あなたが住んでいる一軒家かマンションについて教えてください）

House　一軒家

Sample Answer　Track 237

▷ I live in a house. We have a kitchen and living room downstairs and three bedrooms upstairs. We have a small garden. My favourite room is the bathroom. When the bath is ready, music plays and a voice announces, 'The bath is ready!'

（一軒家に住んでいます。1階にキッチンとリビングルームがあり、2階にはベッドルームが3つあります。小さな庭があります。私のお気に入りの部屋はバスルームです。お風呂の用意ができたとき、音楽が鳴り「お風呂の用意ができました！」というアナウンスが流れるのです）

Apartment　アパート

Sample Answer　Track 238

▷ I live in a flat with my family. There are two bedrooms, a living room and a kitchen. We live on the tenth floor of a high-rise building so we have a great view of the city from our balcony. I love sitting out on the balcony on a summer evening.

（家族と一緒にアパートに住んでいます。寝室が2つと、リビングルームとキッチンがあります。高層ビルの11階に住んでいるので、バルコニーからは街の素晴らしい景色が見えます。夏の夜にバルコニーに座るのが大好きです）

解説

　両方の答えともに、家のレイアウトを説明し、どんなところが好きかという話を付け加えています（もし自分の家が気に入っていない場合は、気に入らない理由を述べてもいいわけです）。

・**What kind of home would you like to have in the future?**

（どんな種類の家がほしいですか）

City centre　都心

Sample Answer　Track 239

▷ I'd like to live close to a station in the city centre. I want to be near a convenience store and a supermarket so that I can get everything I need with no trouble. Of course, in a place like that the rent would be high so I'd only be able to afford a small flat.

（都心の中で、駅の近くに住みたいです。近くにコンビニエンスストアやスーパーがあったらいいです。そうすれば、苦労せずに何でも手に入れることができます。もちろん、そういう場所は賃貸でも高いので、小さなアパートならお金をまかなえるでしょう）

Suburbs　郊外

Sample Answer　Track 240

▷ I'd like to live in a large house with a garden situated near a park. I want to breathe fresh air and walk my dog whenever I can. I would have to commute a long way into the city to work each day but I think it would be worth it.

（公園の近くで、庭付きの大きな家に住みたいです。新鮮な空気を吸い、行けるときにいつでも犬を散歩させたいです。毎日仕事のために都市へ長距離通勤をしなければならなくなるでしょうが、それでも価値があると思います）

解説

　1番目の解答者は、理想的な便利な環境を、2番目の解答者は自然ののんびりした風景について述べています。その後そのような場所を希望する理由を続けてい

ます。wouldを使って想像の未来について質問された場合は、答えでもwouldを
使うことを覚えておきましょう。

- **What shops or other conveniences do you have near your home?**
（あなたの家の近くには、どんなお店やコンビニエンスストアがありますか）

Many　たくさんある

Sample Answer　Track ● 241

▷ I live near a huge shopping mall, and there are also two supermarkets and
a convenience store within walking distance. There's a leisure centre and a
small park a little bit further away—I have to cycle to get to those.
（私は大きなショッピングモールの近くに住んでいるので、徒歩圏内にスーパーが2
軒、コンビニエンスストアが1軒あります。レジャー施設と小さな公園もありますが、
それは少し遠いので、そこには自転車に乗って行かなければいけません）

Few　ほとんどない

Sample Answer　Track ● 242

▷ There are no conveniences at all! The nearest shops are in the local town,
which is about five miles away, so I have to drive there. That's okay, though.
We have all we need in the house, and I go shopping once a week to replenish
our stocks.
（コンビニエンスストアは一軒もありません！　地元の街に一番近いお店はあります
が、約5マイル離れているので、車に乗っていかなければいけません。それでも大丈
夫です。必要なものは全部家にありますし、週に1回、ストックを補充するために買
い物に行きます）

解説

　1番目の解答は、便利な環境であることを述べた上で、コメントを加えていま
す。2番目は1番目と同じ流れを使い、不便な環境であることを述べ、それに対し
て自分の考えを加えています。

Music　音楽

Now let's talk about music.
(では音楽について話しましょう)

・**How often do you listen to music?**
(どれくらいよく音楽を聴きますか)

Often　頻繁に
Sample Answer　Track 243

▷ I listen to music all the time—when I wake up, when I'm on the train, and when I'm walking in the park. Listening to music keeps me in a good mood.
(私はいつも音楽を聴いています――起きたとき、電車に乗っているとき、そして公園の中を歩いているときです。音楽を聴いていると気分がよくなります)

Sometimes　ときどき
Sample Answer　Track 244

▷ I listen to it now and again. I like to hear music at parties but generally I prefer listening to programmes about current affairs.
(音楽はときどき聴いています。パーティーで音楽を聴くのは好きですが、たいていは時事問題を扱う番組を聴く方が好きです)

――――― 解説 ―――――

　2つの解答とも、はじめにどんなときに音楽を聴いているかを述べています。それに続けて、1番目の解答は音楽でどんな気分になれるか、2番目はどんな番組を聴いているか、という詳しい話を続けています。

・**What type of music do you usually listen to?**
(普段、どんな種類の音楽を聴きますか)

Rock/Pop　ロック／ポップ

Sample Answer　Track　245

▷ I like pop music. It has an upbeat tempo that gives me plenty of energy. I think J-Wave is the best station for listening to this kind of music.

（ポップ音楽が好きです。アップビートのテンポなので、大きな力が湧いてきます。J-WAVEはこの種類の音楽を聴くのに、一番いい局だと思います）

Classical　クラシック

Sample Answer　Track　246

▷ I prefer classical music. I learned to play the piano when I was a child and I've loved classical music ever since. I usually listen to NHK's classical music programmes.

（私はクラシック音楽が好きです。子供のときにピアノを習っていて、それ以来ずっとクラシック音楽が大好きです。よくNHKのクラシック音楽番組を聴いています）

解説

　自分の好みを答え、続けてその音楽が好きな理由とそれを聴いている場所を話しています。

・**Who is your favourite artist or composer?**

（あなたの好きなアーティストや作曲家は誰ですか）

Rock/Pop　ロック／ポップ

Sample Answer　Track　247

▷ My favourite artists are Lady Gaga and Kyary Pamyu Pamyu. I like them because they create a fantasy world that I can really get into.

（私が好きなアーティストはレディー・ガガときゃりーぱみゅぱみゅです。なぜ好きかというと、彼女たちはファンタジーの世界を作り上げていて、それに私は夢中になれるからです）

Classical　クラシック

Sample Answer　Track 248

▶ I like Beethoven's work, especially his ninth symphony. Whenever I listen to it I get a sense of power, as if I could do anything at all.

（私はベートーヴェンの作品、特に彼の交響曲第9番が好きです。この曲を聴くといつもパワーが湧いてきて、何でもできそうな感じがするのです）

📖 解説

　1番目の答えは、アーティストが作り上げているもの、2番目の答えは、アーティストが聞いている側の気持ちに与えている影響について述べ、話を展開させています。

・ **Do you think we should judge a group's talent based on its popularity?**
（人気によって、グループの才能がわかると思いますか）

Yes　肯定

Sample Answer　Track 249

▶ Yes, I do. Groups become popular because a lot of people like the music they play. A group has to have talent in order to get to the top of the charts. Look at Taylor Swift. She's a popular artist and writes some of the best songs I've heard.

（はい、そう思います。グループが有名になるのは、たくさんの人が彼らの演奏する音楽を好きだからです。グループがチャートのトップになるには、才能がなければいけません。テイラー・スウィフトを見てください。彼女がとても人気があり、私が聞いたことがある素晴らしい曲を作っています）

No　否定

Sample Answer　Track 250

▶ No, not at all. Most people who buy records are about sixteen years old, so a group's popularity only shows what sixteen-year-olds think about them. Of course, the popular groups might also be good, but it's difficult to tell just from their general popularity.

（いいえ、まったくそうは思いません。レコードを買っている人のほとんどは、大体16歳くらいです。なので、グループの人気は、16歳の若者がそのグループのことをどう思っているかということを示しているだけにすぎません。もちろん、人気があるグループは素晴らしいかもしれませんが、一般的な人気から判断することは難しいです）

解説

1番目の答えは、because（なぜならば）、in order to（〜のために）を使って話し手の考えを裏付ける理由と具体例を挙げています。2番目は、グループに人気が出る理由を述べた上で、グループの才能と人気は関係しているとは言えないと説明しています。

Family　家族

I'd like to talk about your family.
（あなたの家族について話したいと思います）

- **Which of your family members are you most similar to?**
  （あなたは、家族の誰に一番似ていますか）

Father/Mother　父親／母親
Sample Answer Track 251

▷ I look a lot like my dad, but people say my personality is more like my mum's. We share a similar sense of humour and have similarly quick tempers.
（私の父にとてもよく似ていますが、私の性格は、母の方により似ているといわれます。私たちはお互いに、似たユーモアのセンスと同じように短気な部分を持っています）

Sister/Brother　姉妹／兄弟
Sample Answer Track 252

▷ My parents say that my sister and I are like peas in a pod! We always hang out together and do the same things. We're not twins, though sometimes it seems that we are.

（両親は、私の姉［妹］と私が瓜ふたつだと言います。私たちはいつも一緒にいて、同じことをしています。双子ではありませんが、ときどきそう見られます）

┌─ **解説**

1番目の答えは、性格が似ているということ、2番目は行動が似ていることを述べています。like peas in a pod は、「あらゆる点において、とてもよく似ている」という意味です。

- **In what ways are you different from your parents?**
（あなたと両親で違うところはどこですか）

Attitude　考え方

Sample Answer Track 253

▷ My parents have traditional attitudes—they think it's really important to join a company, get married and have children. I'm not sure that I want to do any of those things. I want to have some adventures and find out who I am before I settle down.

（私の両親は、古い考え方を持っています。会社に就職して、結婚し子供を持つことがとても大切だ、と彼らは考えています。私は、そういうことをしたいのか、よくわかりません。私は何か新しいことをして、自分が何者であるかがわかってから落ち着きたいです）

Action　行動

Sample Answer Track 254

▷ My parents like to stay at home and do things around the house. At weekends they go shopping. I like to hike in the mountains and do all kinds of sports. Maybe the biggest difference is that I'm young and energetic and they're old and tired!

（私の両親は家にいて、家の周りで何かすることが好きです。週末は買い物に行きます。私は山にハイキングに行ったり、スポーツをするのが好きです。おそらく大きな違いは、私は若くて元気があり、両親は年を取っていて疲れている、ということです！）

1番目の答えは、考え方という論点を挙げ、両親と話し手が考えていることの違いを具体的に述べています。2番目は話し手と両親の行動を対比させています。

• What is one thing you do as a family that you enjoy?

（あなたが家族として、楽しんでいる1つのことは何ですか）

Special　特別にすること

Sample Answer Track 255

▶ Once a year, our family takes a big camping trip just before the university year starts in the spring. We drive to a lake that is a couple of hours from our house and stay there for a week. It's a nice relaxing time for all of us.

（年に1回、大学が始まる少し前の春に、私たちの家族は本格的なキャンプ旅行に行きます。家から数時間離れたところにある湖に車で行って、そこで1週間泊まります。私たちみんながリラックスするいい時間です）

Ordinary　普段すること

Sample Answer Track 256

▶ We eat out at a restaurant on Saturday nights. We go to a family restaurant and eat pasta or risotto. I enjoy this time because it gives us the chance to get together and chat—during the rest of the week we're just too busy.

（毎週土曜日の夜に、レストランで外食をします。ファミリーレストランに行き、パスタやリゾットを食べます。私はその時間を楽しんでいます。一緒に集まって話をするチャンスだからです。それ以外の日は、私たちはとても忙しいのです）

解説

1番目の答えは旅行を挙げ、どこに行くのか、旅行に行って何を感じるのか、ということを話しています。2番目は食事を挙げ、何を食べるか、集まることがなぜよいのかを述べています。

• Do you think the families of the future will be bigger or smaller than they

are today?

（将来、家族は今よりも大きくなると思いますか、小さくなると思いますか）

Bigger　大きくなる

Sample Answer　Track 257

▷ Today, we have the nuclear family of mum, dad and one or two kids. How can this get any smaller? I think people will work less in the future and have more leisure time. The work-life balance will be better and people will naturally want more children.

（現在私たちは核家族で、母親・父親、そして子供が1〜2人という構成です。これ以上小さくなれるでしょうか。将来、人は働く時間が減り、自由な時間を持てるようになると思います。ワークライフバランスは今よりよくなり、人は自然に子供を多く持ちたくなるでしょう）

Smaller　小さくなる

Sample Answer　Track 258

▷ I think they'll be smaller. Everyone is migrating to the cities as there are few jobs in the countryside. Rents are high, apartments are small and education is expensive. It's difficult to have children in such an environment.

（小さくなると思います。みんな都会に移住するにつれ、地方の仕事はなくなっています。家賃は高くアパートの部屋は小さく、教育は高くつきます。そんな環境で、子供を持つのは難しいです）

解説

1番目の答えは、子供を持つ機会につながるという楽観的な未来を示しています。2番目は、子供がもっと少なくなる、という困難な未来について述べています。

Part 2

Talk about a time you had many things to do.

（やることがたくさんあった時期について話しなさい）

You should say:（言うべきことは）

- **what the occasion was**（どんな出来事だったのか）
- **why you were so busy**（なぜ忙しかったのか）
- **what happened as a result**（その結果、何が起きたのか）

and whether you benefited from the situation.

（そして、その状況から学ぶことがあったか）

Sample Answer Track 259

▷ I've been very busy for several years now, but the time I was busiest was when I'd just started my new job. After graduating in February and having a good time traveling around Europe, I started my new job in April. The first month was great—everyone was *supportive*, and I *got to* go home at five p.m.—but in the second month I was assigned to the market research division. Now, I am an *extrovert* and pretty sociable, so I was hoping to be *assigned to* sales, where I would be able to travel and meet a lot of people. But instead I was put in a team with the task of analysing the cost-to-profit ratios of our major competitors.

This was a shock for me as I had majored in international communications at university and wasn't too good at maths. My boss gave me a book of facts and figures, maybe 200 pages in all, on how to analyse these ratios and then on top of it he put a big set of reports on our competitors. For the next three months, I stayed at the office until midnight each night learning how to analyse the reports. Finally, I got pretty good at it and could leave the office by 9 pm. For a businessperson in Japan, that is a normal time.

Today, I work for the sales division and spend a lot of time *schmoozing* clients outside the office. This is definitely more my kind of thing, and *plays to my strengths*. Nevertheless, I don't regret the time I spent in the market research division. It gave me a *skill set* which I find useful on a daily basis.

As for being busy, these days, three years after I started my job, I get to go home at around 9 pm each night. My very busy period is over, and now I can just say that I am *plain busy!*

訳：ここ数年間とても忙しいのですが、一番忙しかったのは仕事をし始めたばかりのときです。2月に学校を卒業して、ヨーロッパ中を旅して楽しい時間を過ごし、4月に働き始めました。最初の月はよかったです。みんな協力的で、5時に家に帰ることができました。しかし2か月目に市場調査の部署に配属になりました。私は外向的でとても社交的なので、営業部に配属されることを希望していました。そこでは出張できてたくさんの人と会えるからです。しかし、その代わりに、主要な競合相手のコストと利益の割合を分析する仕事のチームに入れられました。

　私にはショックでした。なぜなら、大学での専攻は国際コミュニケーションだったので、数学は全然ダメだったからです。私の上司は正確な情報に関する本をくれました。それは全部で200ページくらいあり、比率をどう分析するかということが書かれていました。さらに彼は競合相手に関するレポートの束を出してきました。次の3か月間、私は毎晩深夜まで会社に残り、レポートをどう分析するかを学びました。最後にはうまくこなせるようになり、9時には帰れるようになりました。日本のビジネスマンにとって、それは普通の時間です。

　今は営業部で働いていて、多くの時間会社の外に出て、自分が有利になろうとおべっかを使うクライアントを相手にしています。これがまさに、私の仕事であり、自分の強みを生かしています。ですが私は、市場調査の部署で過ごした時間を後悔していません。あの経験のおかげで、日常の中で役に立つ技術が身についたのです。最近の忙しさについて言うと、仕事を始めて3年経ちましたが、毎晩9時に帰っています。とても忙しい時期は終わり、今は普通に忙しいです。

役に立つ語句・表現

☐ **supportive**　協力的な
☐ **get to**　〜する機会を得る
☐ **extrovert**　外向的な人
☐ **assign**　任命する
☐ **schmooze**　おしゃべりする
☐ **play to my strengths**　自分の強みを生かす

☐ **skill set**　一揃いの技術

☐ **plain busy**　単に忙しい

┌─ 解説

　どのような経緯で会社に入ったかという前置きから話が始まり、その後忙しくなっていった様子を述べています。詳しく具体的に説明し、どれくらい忙しかったかを強調しています。

　その後、最後の部分では、とても忙しい時期が過ぎた後の状況を述べています。

　時間の流れを追いながら、忙しくなる前と後の話をすることで、2分間話し続けることができています。その中で、時期を表す表現——after graduating in February（2月に卒業した後）、in April（4月に）、in the second month（2か月目に）、for the next three months（次の3か月間は）、today（現在は）——が使われています。

　　注：仕事の話をするとき、日本人は上司の話をする際にkind（親切な）という
　　　　単語をよく用いますが、ネイティブスピーカーにとっては、言いたいこと
　　　　が曖昧な表現です。代わりにsupportive（協力的な）やencouraging（元
　　　　気づける）を使いましょう。

Part 3

Being busy　忙しい

・**How busy are people in your culture?**
（あなたの社会において、人はどれくらい忙しいですか）

Sample Answers　Track 260

▷ Japanese people are famous for being busy. A businessperson often comes home very late. Some people live to work, others work to live. Well, we live to work! The good side of this is that we tend to be dedicated. Since we are so committed to our tasks, we do them well.

（日本人は忙しいことで有名です。ビジネスマンはとても遅く帰宅することが多いです。仕事をするために生きる人もいれば、生きるために仕事をする人もいます。えぇ、私たちは仕事をするために生きています！　これのよい点は、人はひたむきに打ち込む傾向にある、ということです。自分の仕事に専念しているからこそ、うまくこなしているのです）

▷ People aren't as busy as they would have you believe. People at work often leave their jacket on the back of the chair to make it look like they're in the office when they're actually outside in a coffee shop. Also, housewives have free time. If you walk around Ginza on a weekday afternoon, it is packed with shoppers. Sure, some people are busy, but a lot aren't.

（思われているほど、人は忙しくないと思います。会社に勤めている人はよく、ジャケットを席に置いて、社内にいるかのように見せかけて、実は会社の外のコーヒーショップにいるということはよくあります。また、主婦には自由な時間があります。平日の午後に銀座を歩けば、買い物客でいっぱいです。もちろん、忙しい人もいますが、大体の人は忙しくありません）

解説

1番目の答えは、忙しい人を具体的に挙げ、総合的に見てよい点と悪い点を挙

げています。2番目は、人は忙しくないと言える根拠を述べています。最後は視野を広げ、中には忙しい人もいると述べて話をまとめています。

- ## What are the advantages and disadvantages of being very busy?
（忙しいことの利点と問題点は何ですか）

Advantages　利点
Sample Answer　Track 261

▷ One advantage is that you will probably be richer, because being busy at work generally translates into more money. If you are a very busy student, you will probably end up being more successful than those students who spend their time playing video games. Basically, the busier you are, the more you will achieve.

（利点は、今より裕福になれるだろうということです。なぜなら、忙しく働くことは大体、お金に換わるからです。ゲームをして時間を過ごしている学生よりも、忙しい学生の方が、結局よりいい結果が得られるでしょう。基本的に、忙しくなればなるほど、多くのものを手にするのです）

Disadvantages　問題点
Sample Answer　Track 262

▷ A disadvantage is that busy people often don't have enough time to keep up with their friends. What's worse, they might not even have time to communicate with their family. In Japan, the father often works until late at night, and this can lead to the situation where he never really gets to spend time with his children.

（問題点は、忙しい人はたいてい、友達と過ごす時間を十分に持てないということです。さらに悪いことに、家族とコミュニケーションを取る時間さえも持てなくなるかもしれません。日本では、父親は深夜まで働くので、自分の子供と触れ合う時間がまったくないということが起きます）

解説

1番目の答えは、学生の例を挙げ、忙しくすることの成果を示し、最後に言い

たいことをまとめて述べています。2番目は家族に注目し、過度に多忙になることで起きる不幸な結果を述べています。

・ **In the future, do you think people will be busier or less busy?**

（将来、人は今よりも忙しくなると思いますか、それとも忙しくなくなると思いますか）

Busier　より忙しくなる

Sample Answer　Track ● 263

▷ We are certainly busier now than ever before. We need to learn so much to catch up with the latest trends in technology. In the future, I think this trend will only accelerate, and we will get even busier. There must be a physical limit to how busy we can be, but we haven't reached it yet.

（私たちは以前よりも確実に忙しいです。最新の技術の流行に追いつくように、必死に学ばなければなりません。将来、この傾向はより加速し、私たちは一層忙しくなると私は思います。忙しくなる程度には、物理的な制限があるはずですが、それにまだたどり着いてはいません）

Less busy　忙しくなくなる

Sample Answer　Track ● 264

▷ I think that in the future we will take advantage of all the advances in technology to live a leisurely life. Robots will do most of the hard work, and we will be able to sit back and enjoy the fruits of our labour. After all, what is the point of technology if it doesn't benefit us?

（将来は、技術の進歩のおかげで発展し、ゆっくりとした生活が送れるようになると思います。ロボットが厳しい労働のほとんどを担い、私たち人間はくつろいで、労働の成果を味わうようになれるはずです。結局、私たちにとって利益になることが、テクノロジーの目的ではないでしょうか）

解説

　1番目の答えは、技術の進歩によって要求がより大きくなること、2番目は利益が増えることの側面に注目しています。両方の答えともに、未来を描くものと

なっています。

Having enough time　十分な時間を持つ

・**How important is it to have a proper work-life balance?**
（適切なワークライフバランスを持つことは、どれほど大切ですか）

Very　とても重要

Sample Answer　Track ● 265

▷ It's absolutely essential. If you just work all the time, you become unable to think about anything else. As the saying goes, 'All work and no play makes Jack a dull boy.' We all need time to develop ourselves, pursue our interests, and make friends. Friendship is important. If you spend your whole life doing nothing but working, who will look after you in your old age?
（非常に重要です。もし、ずっと仕事をするだけでは、他のことを考えられなくなります。「勉強ばかりして遊ばない子供はダメになる」ということわざがあります。私たちは皆、自分自身を成長させ、興味を追求し、友達を作る時間が必要なのです。友情は大切なものです。もし、人生ずっと仕事ばかりで、他に何もしなければ、年を取った後、誰が相手をしてくれるのでしょう）

It depends　状況による

Sample Answer　Track ● 266

▷ It's important to choose a lifestyle that suits you. Some people need to balance work and family, but others are devoted to work and want to achieve something. You can't achieve something big without making sacrifices. As they say, 'You can't make an omelette without breaking eggs.'
（自分に合ったライフスタイルを選ぶことが大切です。仕事と家族のバランスを取る必要がある人もいれば、仕事に没頭し、何かを成し遂げたいという人もいます。何かを犠牲にしなければ大きなことを成し遂げることはできないのです。「卵を割らなければ、オムレツを作ることはできない」という言葉があります）

278

┌─ 解説

　1番目の答えは、ずっと仕事だけをすることによるマイナスの結果を取り上げています。その一方、2番目の答えは、懸命に働くことによるプラスの成果に目を向けています。両方の答えともに、ことわざを盛り込んで内容に深みを加えています。できるだけ多くのことわざや引用を覚えておきましょう。内容に合うよう、正しく使えれば、答えを意味深いものにすることができます。

- **What is the best way to manage the competing demands on our time?**
  （次々に時間を取られることをやりくりするのに、一番よいのはどんな方法ですか）

Good planning　しっかり計画を立てる
Sample Answer　Track●267

▷ The best way is to be organised. Plan your day in advance and write it down in a diary, or perhaps on a smartphone calendar. The most important point is not to bite off more than you can chew. If you say 'yes' to everything, you'll have to backtrack and say 'no' to someone later on, and that person will be disappointed.

（一番いい方法は、計画を立てることです。前もって一日の計画を立て、手帳やスマートフォンのカレンダーに記入しておくのです。一番大切なことは、できる以上のものを引き受けない、ということです。すべてにイエスと言ってしまうと、後になって誰かにノーと言い、前に言ったことを取り消さなければならなくなります。そうすれば、言われた人はがっかりするでしょう）

A fixed routine　決まった手順
Sample Answer　Track●268

▷ I think the best way is to prioritise. You have to decide what is important and what isn't, and to focus on the former. Don't fall into the trap of putting off important business just because people have asked you to do other, less important tasks urgently. Have the courage to say, 'I'm happy to do your work but I must finish this task first.'

（一番いい方法は、優先順位をつけることです。何が大切で何が大切でないかを決めて、前者に集中しなければなりません。あまり重要でない仕事なのに、誰かに至急や

るように頼まれたからといって、重要な仕事を先延ばしにする、という罠にはまってはいけません。「あなたの仕事ができてうれしいですが、まずこの仕事をやらなければならないのです」と言う勇気を持ちましょう）

解説

1番目の答えは、計画することを取り上げ、自分の経験から得たと思われるアドバイスを加え、話を広げています。2番目は、優先順位をつけることを重視し、具体例を挙げています。両方の答えともに、実用的なアドバイスを述べています。

• Do you think the government should limit the number of hours people can work?

（政府が労働時間に制限をかけるべきだと思いますか）

Yes　肯定

Sample Answer　Track 269

▶ Overwork is a huge problem in my country. People work so hard that they sometimes die as a result. We even have a special word for it—we say karoshi. I think it is self-defeating to work too hard because once you get tired, you become less creative and your productivity declines. I think the government should introduce a maximum number of hours that we can work, say, 45 hours a week.

（過重労働は、私たちの国において大変な問題です。人は働きすぎていて、結果として死に至ることもあります。そのことを表す過労死という特別な言葉があるほどです。働きすぎは自分を壊す行為だと思います。なぜなら、疲れてしまえば、創造性や生産性が落ちるからです。政府は、週45時間という労働の最高許容時間を導入すべきです）

No　否定

Sample Answer　Track 270

▶ I think such a move would be counterproductive. People have different aims and purposes in life. Some are happy working nine to five and going nowhere in their jobs, but ambitious people need to put in the hours. Companies would soon lose money if their top executives all went home for an early dinner! I think people should be allowed to put in long hours if they wish.

（そのような動きは逆効果だと思います。人は人生に対し、様々な意図や目標を持っています。9時から5時まで、それ以上は働かないということが幸せという人もいます。しかし、野望を持つ人たちは何時間も働かなければならないのです。もしトップの役員全員が、早い夕飯のために家に帰ってしまったら、会社は損失を出してしまうでしょう。本人が望むならば、長時間働くことを許すべきだと思います）

解説

　1番目の答えは、日本社会の一般的な状況について説明し、問題点を指摘した上で、問いに対し肯定的な立場を示しています。それに加え、許容される時間数という具体的な提案をしています。2番目は人のタイプを分類し、制限が役に立たないと述べ、その理由を説明しています。

Part 1

Do you work or are you a student?

If the answer is work:
- What do you do?
- have you always wanted to do this work?
- Is there anything you dislike about your job?

If the answer is student:
- What subjects do you study?
- What do you like most about your subject/subjects?
- Do you learn more from your teachers or the textbooks?

Let's talk about technology.

- Do you use technology a lot in your daily life?
- Do you think technology makes your life easier or more difficult?
- At what age do you think children should be allowed to have mobile or smart phones?
- What do you dislike about the Internet?

Now, I'd like to talk about illness.

- How often do you get sick in the wintertime?
- When you catch a cold, do you go to see a doctor?
- What do you do to pass the time when you are sick in bed?
- Do you think it is possible to stay healthy all the time?

Part 2

Track 272

Describe a party that you attended.

You should say:

- what type of party it was
- when and where it was held
- what you did at the party

and say how you felt about your experience.

Part 3

Track 273

Parties

- What are some of the reasons that people hold parties in your culture?
- What are some of the advantages and disadvantages of going to parties?
- Do people feel differently about parties as they get older?

Celebrations

- Why do people hold seasonal celebrations, such as New Year?
- Do you think there are fewer local celebrations now than there were in the past?
- What could the government do to make sure local celebrations continue?

Self-study checklist—aiming for a six 自習チェックリスト—目標グレード6	○ or ×
Speaks at a reasonable speed without hesitating or pausing too much （言葉に詰まったり、黙り込んだりせず適切なスピードで話せたか）	
Speaks clearly enough to be understood without too much effort （無理なく理解できるよう、明瞭に話すことができたか）	
Pronunciation is not katakana-like （カタカナ英語のような発音になっていないか）	
Answers the questions relevantly without going too far off-topic （与えられたトピックからかけ離れず、つながりのある答えになっているか）	
Answers the questions while mostly using past, present and future correctly （過去形・現在形・未来形の時制を正しく使って答えているか）	
Goes beyond using simple vocabulary like 'good' and 'bad' （'good' や 'bad' といった簡単な単語を使いすぎていないか）	

Self-study checklist—aiming for a seven or above 自習チェックリスト—目標グレード7以上	○ or ×
Speaks at a speed approaching a native speaker's with just a few pauses to search for the right words （多少、言葉を探す間があるくらいで、ネイティブスピーカーに近いスピードで話せているか）	
Pronunciation is easy to understand （理解しやすい発音になっているか）	
The words flow together naturally and the voice's pitch and tone varies （言葉が自然につながりスムーズに流れ、加えて多様な声のピッチやトーンを使えているか）	
Responds to questions and expands on the topics in detail （質問に答え、その後で詳細を話し、トピックを広げることができているか）	
Uses tenses such as the present perfect (e.g., *I have done*) and conditionals (e.g., *I would like to ...*) mostly appropriately （現在完了形［例：I have done］や仮定法［例：I would like to］などの時制を適切に使えているか）	
Uses a wide range of vocabulary with some idiomatic language （イディオム表現などを交え、豊富なボキャブラリーを用いて話しているか）	

　質問をもう一度聞いて、解答例を確認しましょう。

Part 1

Work or student　働いているか、それとも学生か

Work　働いている

　まず最初に、仕事や学業について話をします。

Do you work or are you a student?
（働いていますか、それとも学校か大学で勉強していますか）
If the answer is work:　働いているのであれば、

・**What do you do?**
　（あなたの仕事は何ですか）

Professional　専門職
Sample Answer　Track 274

▷ I work as an accountant in a trading company. My job is to check the quarterly
accounts of our subsidiaries. It's a big company with ten subsidiaries around
the world.
（貿易会社で会計士として働いています。私の仕事は、子会社の四半期ごとの会計報
告書をチェックすることです。大きな会社で、世界中に10の子会社があります）

Part-time　パートタイム
Sample Answer　Track 275

▷ I work at a convenience store stacking shelves and dealing with customers
at the cash register. I'm working here temporarily while I wait for a visa to
study abroad. I hope to work as a teacher in the future.
（コンビニエンスストアで働いています。商品を補充したり、レジで客の対応をして
います。海外で勉強をするためのビザを待っている間、一時的に働いています。将来
は教師として働くことを希望しています）

第3章 Test 02 解答解説

解説

　1番目の答えは、職業を述べた上で、担当している仕事内容を短く説明しています。その後、会社の情報を加えて話を広げています。2番目はどんな仕事をしているか、なぜそこで働いているのかを述べ、その後に将来について話をしています。

・ Have you always wanted to this work?
（その仕事はずっとしたかったものですか）

Yes　肯定
Sample Answer　Track 276

▷ Yes, I've always wanted this kind of job. I like working with people, which is what I'm doing now, so you could say this job is a natural fit for me.
（はい、ずっとこういう仕事をしたかったのです。私は人と一緒に働くことが好きで、まさに今そういう仕事をしています。なので、私はこの仕事に向いていると言えます）

No　否定
Sample Answer　Track 277

▷ Not really. Actually, I've never wanted any special kind of job, but we all have to work! I'm good with figures so I don't find my work difficult, but it was never my ambition to work in an office all day, every day.
（そうではありません。実のところ、私は何か特別の仕事がしたいと思ったことはありません。しかし、私たちは働かなければいけません！　私は計算が得意なので、仕事は難しくありません。でも会社の中で一日中、毎日働くことが私の希望だったということでは決してありません）

解説

　1番目の答えは、話し手の性格が現在の仕事につながっていると述べています。2番目は積極的ではないものの、基本的な能力と仕事がつながっているという考えを述べ、それについて感じていることを話しています。

- **Is there anything you dislike about your job?**

（あなたの仕事で嫌いなところはありますか）

Working hours　労働時間
Sample Answer　Track 278

▷ On the whole I like my work but I rarely get home before ten o'clock at night. As I have two small children, this is a problem for me. It's also difficult to be productive all the time. If we all worked fewer hours, I think everyone would benefit.

（全体的に、私は自分の仕事が好きですが、夜10時前に帰ることはめったにありません。小さな子供が2人いるので、私にとっては悩みどころです。また、一日中よい成果を出すのは難しいです。労働時間を短くすれば、みんなのためになると私は思います）

Boss　上司
Sample Answer　Track 279

▷ Yes, I hate my boss! He takes every opportunity to criticise me. I understand that he has to keep order but he goes over the top. I think the power has gone to his head!

（はい。私は自分の上司が嫌いです。彼は何かあれば私を非難します。彼が秩序を守らなければいけないのは理解していますが、やりすぎです。権利の乱用だと思います）

解説

　1番目の答えは、仕事は楽しいと認めた上で、問題点を指摘し、その問題の詳細（働きすぎると成果を出すことが難しくなる）を述べ、解決策を提示しています。2番目はイディオム表現を使って、話し手の感情を明らかにしています。go over the top は「何かをやりすぎる」、power goes to your head は「自分の身分に固執し、威張り散らす」という意味があります。

Student　学生である

If the answer is student:　学生であれば、
・**What subjects do you study?**
（何の科目を勉強していますか）

Humanities　人文
Sample Answer　Track 280

▷ I'm a first year/freshman at my university, and we all study a range of subjects in the humanities. I'm studying English, history, philosophy, art and several other subjects. There's a lot to take in!
（私は大学の1年生で、私たちは皆、人文科目の領域を勉強しています。私は英語、歴史、哲学、美術、その他数科目を学んでいるところです。理解しなければならないことがたくさんあります）

Science　科学
Sample Answer　Track 281

▷ I'm a graduate student working in neuroscience. Basically, I look at the brains of mice to see how the neurons communicate. I hope to use the findings to help cure diseases in the future.
（私は神経科学を勉強している大学院生です。基本的に、ネズミの脳を観察し、神経がどう通っているのかを確認しています。将来、発見したことが病気の治療に役立てられることを希望しています）

解説

　両方の答えとも、最初に大学での立場を説明しています。1番目の答えは学んでいる科目を挙げ、勉強量についてコメントしています。2番目は1つの科目を挙げ、それについて basically（基本的に）と詳しく説明しています。その後、I hope to...（…と私は望んでいる）と将来に結びつけた話をしています。
　　注：イギリス／オーストラリア英語では1年生のことを first year、アメリカ英語では freshman といいます。

• What do you like most about your subject/subjects?

（あなたの学科について何を楽しいと感じていますか）

History　歴史
Sample Answer　Track 282

▷ I like the fact that it's neither black nor white. History is always open to re-interpretation. I always enjoyed this subject at school but now I can really get my teeth into it.

（私は、答えが無限にある［白黒はっきり付けられない］物事が好きです。歴史は常に再解釈されるものです。学校でこの科目［歴史］を学ぶのをいつも楽しんでいましたが、今は徹底的に学んでいます）

Math　数学
Sample Answer　Track 283

▷ I like the fact that it's black and white. An answer is either right or wrong. It's not like the arts where everything just seems to be someone's opinion.

（私は白黒はっきりしている物事が好きです。答えは、正解か不正解かのどちらかです。すべてが誰かの意見でしかない文科系とは違います）

　解説

　1番目の答えは、答えが無限にあるものが好きで、それゆえ徹底的に学ぶことができると述べています。2番目は、歴史とは逆で、明確に出る数学の特質が好きだと言っています。イディオム表現を場合に応じて用いることで、よりネイティブが話すような答えになります。

• Do you learn more from your teachers or the textbooks?

（より多くのことを先生から学びますか、それとも教科書から多くを学びますか）

Teachers　先生
Sample Answer　Track 284

▷ I definitely learn more from my teachers. Although the textbooks can be useful for reference, the teachers have for more knowledge than any textbook can contain. In fact, I chose my current course because the professor is a pioneer in his field. I'm learning a lot!

（間違いなく、先生からより多くのことを学んでいます。他の生徒たちと仲よくしていますが、私は学ぶためにここにいるのであり、当然先生は、他の誰よりもたくさんのことを知っています。事実、私が今のコースを選んだのは、教授がその分野での先駆者だったからです。私はたくさんのことを学んでいるところです）

The Textbook　教科書

Sample Answer　Track ● 285

▷ I think I learn more from the textbooks because they're so well-organised and informative. Of course I learn from the professors, too, but most of the learning comes from studying late at night with my textbooks.

（教科書からより多くのことを学んでいると思います。なぜなら、よく整理されていて情報が豊富だからです。もちろん教授からも学んでいます。しかし、学習のほとんどは自分の教科書で夜遅くに勉強したことから得ています。）

解説

　1番目の答えは、although（しかしながら）として学生の大切さを認めた後、なぜ教授がより重要なのかの理由を述べ、in fact（実は）と、話し手が実際に学んでいる教授の話を具体的にしています。2番目の答えはof course（当然）として教授の大切さを認める一方、教科書の方が重要だという逆の意見とその理由を述べています。

Technology　技術

Let's talk about technology.

（テクノロジーについて話しましょう）

・**Do you use technology a lot in your daily life?**

（日常の中で、テクノロジーを多く利用していますか）

Yes 肯定

Sample Answer Track 286

▷ Yes, I do. I carry my smartphone around wherever I go and use it on the train, in the café and whenever I take a break. At work I use a PC, and in the evenings I spend my time at home watching a flat-screen TV.
(はい。どこへ行くにもスマートフォンを持っていき、電車の中で、カフェの中で、そして休憩するときはいつでもスマートフォンを使います。仕事ではパソコンを使います。夜になれば、家で平面型スクリーンのテレビを見て過ごしています)

No 否定

Sample Answer Track 287

▷ I don't spend a lot of time using technology. I much prefer reading paper books to reading on electronic devices, and I don't have a TV at home. When I have free time, I go for a walk in the park. I'm not a slave to technology!
(テクノロジーを使いながら長時間過ごすことはありません。電子機器を使うよりも紙の本を読む方が断然好きです。それに家にテレビを持っていません。暇なときは公園へ散歩に行きます。私はテクノロジーの虜ではありません!)

┌─ 解説

　1番目の答えは、話し手がテクノロジーを使う様々な場所を挙げています。2番目はテクノロジーを使う代わりに何をしているか、ということを説明しています。
　'electronic devices'という表現に気をつけましょう。多くの人が間違って、'electric devices'といいますが、それだと電流を流す装置のことになり、電子部品を使った機器の意味になりません(ただし、electrical devices は正しい形で「電気を使った装置」の意味になります)

・**Do you think technology makes your life easier or more difficult?**
(テクノロジーは生活を過ごしやすくしますか、それとも難しくしますか)

Easier 過ごしやすくする

Sample Answer Track 288

▷ It's certainly made my life easier. I can contact my friends instantly through social networks and respond to emails in the blink of an eye. When I need to know something, I can google it. Everything is more convenient than it used to be.

（間違いなく、私の生活を過ごしやすくしています。ソーシャルネットを通じて、友達とすぐ連絡を取ることができますし、メールに瞬時に返信することができます。何かを知ることが必要になればグーグルで検索できます。すべてのことが以前より便利になっています）

More difficult　難しくする

Sample Answer　Track 289

▷ Contrary to what you might think, technology is making my life more difficult. Before, I could switch off and be by myself occasionally. Now I can be contacted 24/7. My boss can send me work at any time of the day or night. It's become impossible to switch off.

（人が考えているのとは逆に、テクノロジーのせいで私の生活は一層困難になっています。以前は仕事から離れれば、自分1人になることができました。しかし、今は週7日24時間連絡が取れる状態になっています。上司は昼夜いつでも仕事を振ってきます。仕事から離れ、リラックスすることができなくなっているのです）

解説

　1番目の答えは、前より簡単になった行動を挙げ、自分の考えをまとめて結論にしています。2番目は過去と現在を比較し、今はつらい思いをしていることを述べています。

　in the blink of an eye は「またたく間に」という意味です。また google が動詞として使われていますが、慣用表現になっています。switch off は「仕事から離れてリラックスする」ということを意味しています。

・**At what age do you think children should be allowed to have mobile or smart phones?**

（何歳になれば、子供は携帯電話やスマートフォンを持つことを許されるべきだと思いますか）

Primary/Elementary school　小学生

Sample Answer　Track●290

▶ With all the safety concerns around 'stranger danger' for young children that go to school by themselves, I think that children should have phones when they start going to primary/elementary school. They can be given phones with alarms that can only call designated numbers. They can't be used for surfing the net.

（1人で学校に通う小さな子供を「通り魔」から守る安全性の問題を考えると、小学校に通い始めるときに電話を持つべきだと思います。アラーム付きで特定の番号にしかかけられない電話を与えることができます。それならネットを閲覧することができません）

High school　高校

Sample Answer　Track●291

▶ Considering the addictive nature of smart phones, I don't think it's a good idea to introduce children to them too early. When they go to high school is about the right time. If they don't have a phone at high school, they will miss out because all their friends will have one.

（スマートフォンの中毒性を考慮すると、あまりにも早い時期にスマートフォンを与えるのがいいとは思いません。高校に通う時期が適切だと思います。高校で持たないと、他の友人は皆持っているという理由で、仲間になるチャンスを逃してしまうでしょう）

┌─ 解説

　1番目の答えは安全性の問題を述べ、子供に制限付きの電話を与えるという提案をし、どのような機能があるものかを説明しています。2番目は中毒の問題を取り上げて適正年齢を述べ、その理由を説明しています。

　なお、小学校のことをイギリスではprimary school、アメリカではelementary schoolといいます。

・**What do you dislike about the Internet?**
　（インターネットの嫌いなところはどこですか）

Ads　広告

Sample Answer　Track 292

▶ Actually, I love the Internet and I'd be lost without it! One thing I could do without, though, is the ads that keep popping up whenever I try to read or watch something. I am forever closing down ads or accidentally clicking on them and going through to sites I don't want to see.

（実のところ、私はインターネットが大好きで、ないと何をしたらいいかわからなくなってしまいます。ただ一点、なくなってほしいと思うのは、何かを読んだり見たりしようとするときにいつもポンと出てくる広告です。その度に広告を閉じていますが、間違ってそれをクリックしてしまい、見たくないサイトを眺めたりしています）

Zombies　中毒の人

Sample Answer　Track 293

▶ I hate the way it turns people into zombies! Teenagers surf the net while walking along the street. They don't look up, and this leads to accidents. I think people rely on the Internet too much, and they stop thinking for themselves.

（インターネットのせいで人が中毒状態になるのが嫌いです。10代の若者は道を歩きながらネットを見ています。前を見ないので、事故につながります。人はインターネットに頼りすぎていて、自分で考えなくなっていると思います）

解説

　1番目の答えは、基本的にはインターネットが好きだとした上で、気に入らない点を1つ述べています。2番目はインターネットによる人の行動への影響に注目しています。I'd be lost without it（ないと、どうしたらいいかわからなくなる）や it turns people into zombies（人をゾンビ［中毒の人］に変える）は、英語でよく用いられる誇張表現です。覚えておきましょう。

Illness　病気

Now, I'd like to talk about illness.

第3章 Test 02 解答解説

（では病気について話しましょう）

· **How often do you get sick in the wintertime?**

（冬の時期にどれくらいの頻度で病気になりますか）

Often　しばしば

Sample Answer　Track 294

▷ I'm fairly susceptible to colds so I often get sick when winter comes around. I take vitamins and try to wrap up warm but there's only so much you can do.

（私は風邪をひきやすいので、冬が来る時期に具合が悪くなることが多くあります。ビタミンを取り、温かい服装をすることを心がけています。でも、できることはそれくらいです）

Not often　多くない

Sample Answer　Track 295

▷ Only occasionally. I rarely get sick whatever the season because I take vitamins, exercise sufficiently, and get at least seven hours' sleep a night. Of course I'm not Superman, so I do fall sick now and then.

（ごくたまにです。どの季節でも病気になることはほとんどありません。ビタミンを取って、十分に運動し、夜は少なくとも7時間は寝ているからです。もちろん、私はスーパーマンではないので、ときどき体調を崩します）

┌─ 解説

1番目の答えは、病気を防ぐ方法は限られていると述べています。2番目は、様々な対策をとっていることを、病気にならない理由として話しています。それに加え、I'm not Superman とユーモラスな表現を使い、病気にならない人はいないと指摘しています。

· **When you catch a cold, do you go to see a doctor?**

（風邪をひいたとき、医者に行きますか）

Yes　肯定

Sample Answer　Track 296

▷ Yes, I go straight to the doctor and get some medicine, then take it according to her or his instructions. In my experience, ignoring a cold will only make you sicker.

（はい。すぐに医者に行って薬をもらい、医者の指示に従って飲みます。経験上、風邪を甘く見ていると具合はさらに悪くなります）

No　否定

Sample Answer　Track 297

▷ No, I don't bother. If it's just a cold there's nothing you can do about it—antibiotics don't work on viruses—and taking medicine for small things will only weaken your immune system.

（いいえ、わざわざそうしません。ただの風邪ならやれることはありません。抗生物質はウイルスには効きません——大したことがないのに薬を飲むのは免疫システムを弱めるだけです）

解説

　1番目の答えは医者に行くことが大切だと主張し、2番目はその必要はないという意見を述べています。また、両方の答えとも、医者に行くこと、行かないことの結果を述べています。

・**What do you do to pass the time when you are sick in bed?**
（病気で寝ているとき、どのように時間を過ごしていますか）

Nothing　何もしない

Sample Answer　Track 298

▷ If I get to that stage, I have no energy and feel terrible, so I just lie in bed and sleep. I find that reading when I'm sick makes my eyes tired.

（病気で寝ている時期は、元気がなく気分が悪いので、ベッドに横になって寝るだけです。病気のときに本を読むのは目を悪くするとわかっています）

Various　たくさんのことをする

Sample Answer　Track🔊299

▷ I read books and watch TV. Last time I had flu I even tried to do some work on my laptop but that was a step too far! I get bored easily, so I'm not good at lying in bed doing nothing, even when I'm sick.

（本を読み、テレビを見ます。この間インフルエンザにかかったときは、ラップトップで仕事をしようとしました。しかし、それはやりすぎでした！　私は退屈しやすいので、病気のときでも何もせずベッドで横になるのは、向いていないのです）

解説

1番目の答えは、ベッドの中で何かしようとすることの結果（本を読むと目を悪くする）を述べています。2番目は、やることを挙げた上で、たくさんのことをする理由（退屈しやすい）を述べています。

・**Do you think it is possible to stay healthy all the time?**
（いつも健康でいることは可能だと思いますか）

Yes　肯定

Sample Answer　Track🔊300

▷ I don't see why not. Personally, I haven't had a cold for years. Of course, it's important to look after yourself and not overdo things. It also helps to have a job where you don't meet too many people.

（なぜできないのか、理由がわかりません。個人的に言うと、私は年中風邪をひくことがありません。当然自分自身を管理し、何事もやりすぎないことが大切です。また、たくさんの人と会わない場所で仕事をすることも、健康を保つことにつながります）

No　否定

Sample Answer　Track🔊301

▷ No, and it's not desirable, either. Having small colds gives you protection against getting big ones. If you have a sniffle in the autumn, you are less likely to come down with flu when the weather turns cold.

（できると思いませんし、望んでもいません。軽い風邪をひくことで、大きな病気に

対する免疫ができるのです。秋に鼻かぜを引けば、寒い季節になったときインフルエンザにかかる確率が低くなります）

解説

　1番目の答えは、健康を保つ方法を挙げ、2番目は軽い病気をすることの利点を述べています。

Part 2

Describe a party that you attended.

（あなたが参加したパーティーについて話しなさい）

You should say:（言うべきことは）

- **what type of party it was**（どんなタイプのパーティーだったか）
- **when and where it was held**（いつ、どこで開かれたのか）
- **what you did at the party**（そのパーティーで何をしたのか）

and say how you felt about your experience.

（そして、その経験についてどう感じているのかを話しなさい）

Sample Answer Track 302

▷ Last spring I went to a barbecue party at the local park. It was Golden Week, a set of holidays held in May when the whole country *comes to a halt,* and some families in my neighbourhood decided to get together. Each family brought something to the barbecue. We ourselves brought *skewered* meat known as *yakitori* and lots of vegetables—peppers, daikon radish, cabbage—that are good for barbecuing. We also brought some *dango*, which are sticky rice balls on a skewer covered in a caramelised sauce.

The smell of all this good food cooking on the barbecue was so *appetising my stomach was rumbling* in no time! We had all kinds of soft drinks and beer in an ice box, and someone was squeezing oranges, so we got to have fresh orange juice, too.

The park was a small one near my house. As well as the barbecue section, it has a woodland area and climbing frames for children. In summer the insects come out—*praying mantises,* spiders as big as your hand, cicadas, and of course, mosquitoes—but in May this wasn't a problem. Each family spread out a plastic sheet on the ground and settled themselves near each other.

I loved having the party in the park because we could walk from one group to another, and if we wanted a change of scenery we could *stroll* through the small wood. I much prefer that to sitting *stiffly* in one place at a dinner party.

The party was mostly about eating, drinking, and catching up on gossip, but we also played a few games that the children loved, including bingo and *hide-and-seek*. We stayed for about three hours and then went home. I really enjoyed this party because I got the chance to eat and drink what I liked and to do as I pleased. I'm looking forward to having more barbecue parties in the future.

訳：この前の春、地元の公園のバーベキューパーティーに行きました。5月の連休であるゴールデンウィークの時期で、国中が休みになるときなので、近所の家族たちで一緒に集まろうと決めました。家族ごとにバーベキューのために、何かを持ち寄りました。私たちは焼き鳥と呼ばれる串刺しの肉とたくさんの野菜——ピーマン、ダイコン、キャベツを持っていきました。これらはバーベキューに向いているのです。また、団子も持っていきました。団子は串に刺したモチモチとしたお米の玉でカラメルソースがかかったものです。

　バーベキューでいい食材を料理する匂いは食欲をそそり、私のお腹はすぐにゴロゴロと鳴りました。私たちは、アイスボックスの中に、いろんな種類のソフトドリンクやビールを持っていました。また誰かがオレンジを絞ってくれたので、生のオレンジジュースもありました。

　公園は小さなもので、私の家の近くにあります。バーベキュー場だけではなく、深緑地帯や子供向けのジャングルジムもあります。夏には昆虫が出てきます——カマキリ、手の大きさほどもあるクモ、セミがいます。もちろん蚊もいますが、5月であればその問題もありません。家族はそれぞれ地面にビニールシートを広げ、互いに近くに場所を取りました。

　私は公園でパーティーを開くのが大好きです。なぜなら、あるグループから違うグループへ歩いて回ることができますし、違う景色を見たくなったら、木々の中をのんびり歩くことができるからです。私は、ディナーパーティーで同じ場所にじっと座っているよりも、歩き回る方が好きです。

　パーティーは、食べて飲んで、噂話をすることがほとんどでしたが、子供が好きなゲームもしました。ビンゴやかくれんぼなどです。私たちは3時間ほど過ごしてから家に帰りました。私はパーティーを存分に楽しみました。好きなものを食べて飲んで、気分がよくなったからです。またバーベキューパーティーをすることを楽しみにしています。

□ **come to a halt**　停止する

□ **skewered**　串刺しの

□ **appetising**　食欲を刺激する

□ **one's stomach rumble**　お腹が鳴る

□ **praying mantis**　カマキリ（祈っているように見えるのでprayingという単語が
使われる）

□ **stroll**　のんびりと歩く

□ **stiffly**　じっと

□ **hide-and-seek**　かくれんぼ

解説

　話し手は、パーティーをした時期と場所を述べ、持って行った食べ物について
ある程度詳しく説明しています。焼き鳥や団子は日本人にとっては馴染みの単語
なので、日本人でない人もわかるだろうと思いがちですが、英語では簡単な説明
をする必要があります。

　第3パラグラフでは公園がどんなところか、家族がどのように準備をしたか、
なぜその場所がパーティーに適しているか、ということを述べています。

　最後のパラグラフでは、食べて飲んだ以外のこと（子供とゲームをした）を挙
げています。それに続けて、話し手がパーティーを楽しめた理由を述べ（好きな
ものを食べて飲めたことが楽しかった。またやりたい）、質問項目にすべて答えた
形にしています。

　話し手は、食べ物・公園・パーティーでの行動など、話しやすい話題を詳しく
述べる形で、長く話し続けています。そのことに注目しましょう。

Part 3

Parties　パーティー

- **What are some of the reasons that people hold parties in your culture?**

（あなたの文化では、人がパーティーを開く理由とはどのようなものですか）

Seasonal　季節
Sample Answer Track◉303

▶ We often hold parties to celebrate the seasons. We have parties to view cherry blossoms in spring and view the moon in the autumn. On January the first, of course, we celebrate the beginning of the new year. We also hold birthday parties and other family celebrations.

（季節を祝うために、パーティーを開くことが多いです。春には桜を見るための、秋には月を見るためのパーティーがあります。1月1日にはもちろん、新しい年の始まりを祝います。また、誕生日パーティーも開きますし他の家族のお祝いもします）

Work and home　職場や家庭
Sample Answer Track◉304

▶ At work, people often hold parties at the end of the year and on occasions like welcoming a new staff member. They're usually held at local restaurants. At home, people celebrate special days, such as birthdays, or occasions like getting into a good high school.

（職場では、年末や新しい社員を迎えるような機会にパーティーが開かれます。大体地元のレストランでやります。家庭では、誕生日のような特別な日に、あるいは、いい高校に入学したといった機会にお祝いをします）

```
解説
```

　質問は、複数の理由を挙げるように求めていますので、答えでは2つ以上の理由を述べなければいけません。1番目の答えでは spring, autumn, new year とい

う時期を表す言葉を使って、物語風に話を展開しています。2番目の答えは、at work...at home（仕事場では…家庭では…）という場所ごとに話をする構成になっています。

- **What are some of the advantages and disadvantages of going to parties?**
  （パーティーに行く利点と問題点は何ですか）

Advantages　メリット

Sample Answer　Track 305

▷ When you go to parties, you get to know new people. I like to play the guitar, and when I went to a friend's party the other day I met a singer and a drummer. We're going to get together and form a band. Remember my name—maybe one day we'll be famous!

（パーティーに行くと、新しい人と知り合います。私はギターを弾くのが好きで、この間友人のパーティーに行ったとき、歌手とドラマーに会いました。私たちは一緒にバンドを組むことになりました。私の名前を覚えてください。いつの日か有名になるかもしれません！）

Disadvantages　問題点

Sample Answer　Track 306

▷ Parties can get really boring. If you don't know anyone, you just sit there making polite conversation with strangers. People often drink a lot, so you can end up getting drunk and have a hangover the next day.

（パーティーは本当に退屈になることがあります。誰も知らなければ、ただ座って、知らない人と社交辞令の会話をすることになります。お酒をたくさん飲み、最後には酔っぱらって、翌日2日酔いになることもあります）

⌐ 解説

最初の答えはいい点を指摘し、具体例を挙げています。その後未来について触れて話を広げています。2つ目は問題として起こりえる状況を説明しています。

- **Do people feel differently about parties as they get older?**

（年を取るにつれ、パーティーに対する感じ方は変わると思いますか）

Yes 1　肯定その1

Sample Answer　Track 307

▷ I would say so. Young people love to make friends and dance the night away. When you get older you tend to have a fixed circle of friends and parties become smaller, family-oriented occasions. If you have children, then they become the focus of the parties.

（そう言えます。若い人は友達を作って一晩中踊るのが大好きです。年を取れば、友人の輪が固定しがちになり、パーティーも小さく、家族向きのものになります。子供ができれば、子供がパーティーの中心になります）

Yes 2　肯定その2

Sample Answer　Track 308

▷ I think people can enjoy parties at any age, but they enjoy different kinds. Parties for young people are noisy affairs with lots of music and dancing, but older people like to go to nice restaurants and focus more on the food and conversation.

（どの年齢になってもパーティーを楽しめると思いますが、違ったやり方になると思います。若い人たち向けのパーティーは音楽とダンスで騒々しいものですが、年を取った人たちは感じのいいレストランに行き、食事と会話をより大切にしたがります）

解説

　1番目の答えは、年を取るにつれパーティーの様子が変わるということを、2番目は各年代の人が参加するパーティーのタイプを説明しています。

Celebrations　お祝い

・**Why do people hold seasonal celebrations, such as New Year?**
（新年のように、季節のお祝いをするのはなぜですか）

Tradition　伝統

Sample Answer　Track 309

▸ We hold them as a way of bringing people together. Seasonal celebrations are times when people spend time with their families. People always try to get together over the New Year's holidays, and also on another occasion, known as O-Bon, when they return to their family homes in order to honour ancestral spirits.

（お祝いをすることで、人が集まります。季節のお祝いは家族と過ごす時間です。新年の休暇中は、人々は一緒に過ごそうとします。またお盆として知られる別の機会にも、祖先の魂を崇めるために、自分の家族の家に帰ります）

It's natural　自然なこと

Sample Answer　Track 310

▸ Traditionally, people would come together to celebrate significant points in the year, such as giving thanks for a successful harvest or for making it through a harsh winter. Though we may forget the original reasons for holding the celebrations, we naturally enjoy getting together. When we hold these celebrations, we feel that we are part of a community.

（伝統的に、人は集まって1年の中で節目の時期を祝います。例えば見事な収穫に対し感謝をしたり、厳しい冬を乗り切ろうとするときです。お祝いをする元来の意味を忘れてしまっているかもしれませんが、我々は自然に一緒に集まることを楽しむのです。お祝いが開かれると、地域の一員であることを実感します）

解説

　1番目の答えは、人が集まるからという理由を挙げ、どのように人が集まるかという詳しい話を続けています。2番目は季節的なきっかけを挙げた上で、なぜ人は祭りに参加したがるのかという理由を述べて話を展開させています。

- **Do you think there are fewer local celebrations now than there were in the past?**

（地元の祭りは、以前と比べると少なくなっていると思いますか）

Yes　肯定

Sample Answer　Track 311

▷ Yes, definitely. In the countryside many local celebrations still take place but young people are increasingly moving to the city, and they don't feel inclined to join in the celebrations there when they don't feel part of the new place and might not even know their next-door neighbours. With fewer people living in the countryside, the celebrations are disappearing there, too.

（はい。間違いなくそうです。地方では、多くの地元の祭りが今でも行われていますが、若者はだんだん都会に移住していて、新しい場所に馴染んでいると感じておらず、隣近所の人のことさえも知らないという状態では、祭りに参加しようとは思いません。地方に住んでいる人も減っていて、祭りも消えつつあります）

It depends　場合による

Sample Answer　Track 312

▷ I think it depends on the area. In regions where tradition is strong people hold a lot of local celebrations, with many unique to the area. In the cities there are fewer celebrations but even within the cities, some areas keep their traditions.

（地域によると思います。伝統が強い場所では、たくさんの地元の祭りが開かれて、その多くが地域独特のものです。都会では祭りは少なくなっていますが、都会の中であっても、いくつかの地域では伝統を守っています）

解説

1番目の答えは、肯定の立場をとり、人が都会へ移住していることがコミュニティーへの帰属意識を弱めていると説明し、話を深めています。2つ目はin regions（地方では）と in the cities（都会では）、また even within the cities（都会の中でも）と some areas（ある地域では）という場所を特定する言葉を使ってそれぞれを対比させ、違いを強調しています。

- **What could the government do to make sure local celebrations continue?**
  （地域の祭りを続けさせるために、政府ができることは何ですか）

第3章　Test　02　解答解説

Suggestion 1 　提案1

Sample Answer 　Track 313

▸ It could give subsidies to local communities for use in promoting local celebrations. It could also ensure that schools teach about the local customs so that local schoolchildren can carry on the traditions when they get older. In the future, it is the children who will continue with the traditions so they need to be inspired from a young age.

（補助金を地元のコミュニティーに出せば、それを地域のお祭りの宣伝をするために使うことができます。また、学校に地域の習慣を教えさせることで、地元の学童が大人になったとき、伝統を継ぐことができます。将来、伝統を引き継ぐのは子供たちです。なので、若いうちに気持ちを持たせることが必要です）

Suggestion 2 　提案2

Sample Answer 　Track 314

▸ I don't think local celebrations can easily continue while local populations are declining, so the government needs to prioritise revitalising local communities. Instead of the central government in Tokyo making all the decisions, it needs to devolve power to the regions. After all, it is the local people in Hokkaido, Shikoku, or Kyushu who know their areas best. As the regions revive and become more prosperous, the thoughts of the local residents will naturally turn to their local festivals.

（人口が減っている中で、地元のお祭りを続けるのは簡単ではないと思います。なので、政府は地方コミュニティーの活性化を優先的に行うべきです。東京の中央政府がすべての決定を下すのではなく、地方に権限を移行させることが必要です。結局のところ、北海道や四国、九州の人たちこそが地元を一番よく知っているのです。地方が復活し繁栄すれば、地方住民の考えも自然と地元のお祭りに向けられるでしょう）

解説

　Part 3の最後の答えは抽象的で難しいものになる傾向にあります。1番目の答えは補助金や学校を対象にするという提案をし、未来を見据えています。2番目は地方に元気を取り戻す経済対策に注目し、それがお祭りをやろうという自然な気持ちにつながると述べています。

[編著者紹介]

トフルゼミナール

1979 年に英米留学専門予備校として設立以来 IELTS、TOEFL、SAT、GRE、GMAT など海外留学のための英語資格試験対策や渡航準備などを通し、多くの海外留学をめざす学習者をサポート。国内大学受験においては、東京外国語大学、早稲田大学国際教養学部、上智大学国際教養学部、国際基督教大学（ICU）など英語重視難関校対策や、AO・推薦入試のための英語資格試験対策、エッセイ指導等を行なっている。

執筆協力：川端淳司、Geoff Tozer、鈴木順一、Markus Lucas
翻訳：土屋章子
編集：高橋清貴
イラスト：青木宣人
DTP：有限会社中央制作社
録音・編集：株式会社ルーキー
ナレーター：Michael Rhys、Emma Howard

パーフェクト攻略 IELTS スピーキング 新装版

発行	：2017 年 3 月 30 日　第 1 版第 1 刷
	2020 年 3 月 20 日　新装版第 1 刷

著者	：トフルゼミナール
発行者	：山内哲夫
企画・編集	：トフルゼミナール英語教育研究所
発行所	：テイエス企画株式会社
	〒 169-0075　東京都新宿区高田馬場 1-30-5 千寿ビル 6F
	TEL　（03）3207-7590
	E-mail　books@tsnet.co.jp
	URL　https://www.tofl.jp/books
印刷・製本	：シナノ書籍印刷株式会社